Cómo entender la Biblia

Influencia Espiritual: El poder secreto detrás del liderazgo
(Zondervan, 2012)

Vida después del duelo (WordWay, 2015)

I Want to Believe: Finding Your Way in An Age of Many Faiths
(Regal, 2007)

Whole Church: Leading from Fragmentation to Engagement
(Jossey-Bass/Leadership Network, 2009)

Patterns: Ways to Develop a God-Filled Life *(Zondervan, 2003)*

Putting the Pieces Back Together: How Real Life and Real Faith Connect
(Zondervan, 2005)

Knowing Him (WordWay, 2014)

Christmas Joy (WordWay, 2014)

Overcoming Guilt and Shame (WordWay, 2015)

Para conocer y adquirir más recursos

www.WordWay.org

Mel es un analista perspicaz del desarrollo y la vida de la iglesia en la actualidad. Más importante aun: es alguien que pone en práctica aquello sobre lo que enseña y escribe.

—John Ortberg, autor y pastor

Conozco a Mel Lawrenz desde hace más de treinta años y puedo dar fe de su capacidad como seminarista, pasante, colega y oportunamente mi sucesor como pastor principal de la Iglesia Elmbrook. Destaco su mente aguda, su respeto por la historia, su curiosidad con miras al futuro, sus innegables dotes comunicacionales y su trayectoria de vida como alguien que experimenta activamente el ministerio dentro de la iglesia.

—Stuart Briscoe, autor y pastor

La visión de Mel Lawrenz acerca de una iglesia local que logre reflejar la integridad y la belleza de Dios al tiempo que se compromete con el Señor y la comunidad constituye un llamado urgente a regresar al plan original de Dios: un plan que a menudo ha quedado relegado a expensas de la especialización, el iglecrecimiento y la conveniencia.

—Larry Osborne, autor y pastor

CÓMO
ENTENDER

✦

LA
BIBLIA

MEL LAWRENZ

WORDWAY
WWW.WORDWAY.ORG

Para Win, que ama a Dios y ama lo que Dios ha dicho.

CONTENIDOS

Parte III. Entender el Nuevo Testamento

Parte IV. Interpretar la Biblia

Al lector

Sea que comiences a leer la Biblia o hayas disfrutado de su lectura durante décadas, siempre resulta de gran utilidad volver sobre nuestros pasos y adquirir cierta perspectiva acerca de cómo leemos y de qué manera deberíamos hacerlo.

Al referirme al "cómo" no quiero dar a entender que debemos acercarnos a la lectura de la Biblia de una forma mecánica. Si la Escritura es la Palabra de Dios, entonces leer sus páginas constituye una experiencia íntima, dinámica, increíble y conmovedora. ¡Todo menos algo mecánico! Los "cómo hacerlo" de este proceso incluyen conocer el trasfondo histórico de la porción que leamos y saber cómo funcionan las palabras: la diferencia entre un salmo y un proverbio, las características especiales de las epístolas, el poder de la profecía, los métodos extraordinarios de enseñanza de Jesús y mucho más.

Me propuse desde un principio que este libro fuera breve y práctico. Si te motiva explorar obras de mayor extensión acerca del trasfondo y la interpretación de la Biblia, excelente. Pero en base al hecho de haber servido como pastor durante algunos años sé que una inmensa cantidad de gente aún necesita leer un estudio introductorio para entender la Biblia. Este pequeño libro es una orientación inicial.

Cómo entender la Biblia no es una interpretación de lo que significa la Biblia sino una guía sobre cómo prepararte y orientarte por tu cuenta para leer la Escritura. Conocer la Biblia implica conocer a Dios. ¡Ella misma constituye una vida de descubrimientos!

Para obtener recursos adicionales para
individuos y grupos:

www.WordWay.org

Parte I

ACERCARSE A LA BIBLIA

Capítulo 1

¿CÓMO PODEMOS ENTENDER MEJOR LA BIBLIA?

Si tu deseo es entender mejor la Biblia estás en buena compañía.

No son únicamente las personas que se aventuran a leer la Biblia por primera vez quienes consideran que puede ser un reto enorme entenderla. Muchos creyentes maduros piensan igual. También varios eruditos bíblicos coinciden con ello. Incluso encontramos escritores bíblicos que piensan de ese modo. La segunda carta de Pedro, capítulo 3, versículo 16 dice: "En todas sus cartas [el apóstol Pablo] se refiere a estos mismos temas. Hay en ellas algunos puntos difíciles de entender".

Esto no debería sorprendernos. Por el contrario, debería entusiasmarnos e inspirarnos. Debería alimentar nuestra curiosidad e impulsarnos a adorar. Si al tener una Biblia en nuestras manos tenemos las mismísimas palabras del Creador del universo (un Creador que nos ama tanto que ha decidido no dejarnos en silencio) entonces no deberíamos sorprendernos de que dichas palabras puedan ser misteriosas, complejas y profundas.

No querríamos que fuera de ninguna otra manera.

Si la Biblia fuera tan fácil de entender como el noticiero o el blog de una persona, entonces Dios no sería más grande que un periodista o un bloguero. Si pudiéramos comprender toda la Biblia la primera vez que la leyéramos ¿qué más habría allí para nosotros para el resto de nuestra vida? Si la Biblia no exigiera algo de esfuerzo y paciencia para entenderla ¿cómo podría ser una guía confiable para los grandes desafíos de nuestra vida? Considéralo de la siguiente forma: si fueras a un gran banquete donde hubiera una mesa de diez metros llena de docenas de distintos alimentos, no te sentirías desalentado si te fueras de allí habiendo probado solo algunos de los platillos maravillosos que se ofrecían. En cambio, te entusiasmaría regresar otro día a fin de probar más.

La Biblia es desafiante porque desafía. Mark Twain lo expresó de este modo: "No son las cosas que no entiendo de la Biblia las que me preocupan sino las partes que sí entiendo". La Palabra de Dios es maravillosamente subversiva. La Escritura es como el bisturí que corta pero también como un bálsamo que sana. Ningún imperio ni ninguna civilización puede suprimir la verdad de la Palabra de Dios porque:

Él reina sobre la bóveda de la tierra,
cuyos habitantes son como langostas.
Él extiende los cielos como un toldo,
y los despliega como carpa para ser habitada.
(Is. 40.22)

Este es el Dios que ha hablado… a nosotros.

Un vasto número de personas respeta la Biblia pero anhela conocerla mejor. Esto incluye a personas que han leído la Biblia durante muchos años y quienes han estado dubitativos siquiera de intentarlo. He aquí buenas noticias: la Biblia, escrita por muchos autores a lo largo de muchos años y considerada como la Palabra de Dios por millones de personas, es Dios hablando a la raza humana. Y Dios quiere que lo comprendan.

La Biblia es la Palabra de Dios en palabras humanas. Los profetas y apóstoles eran personas reales, proclamando, enseñando, corrigiendo y advirtiendo con urgencia. Estos escritores querían expresar cosas específicas a través de lo que decían.

Si la Biblia ha logrado resistir la prueba del tiempo a lo largo de las eras y en medio de miles de culturas diferentes, entonces podemos tener la certeza de que esta Palabra de Dios probará ser confiable en cualquier circunstancia de nuestra vida.

Este pequeño libro titulado *Cómo entender la Biblia* no es un tratado acerca de la autoridad de la Biblia, tema que muchos otros libros abordan con gran habilidad. Este libro es una guía concisa y práctica para cualquier creyente que desea leer la Biblia y entenderla como la Palabra de Dios, comprender lo que Dios dice en ella. Se propone animarte y entusiasmarte, motivándote a que te alimentes de esta verdad. Como dice Salmos 34.8: "Prueben y vean que el Señor es bueno". La excelente perspectiva de comprender mejor la Biblia es que también llegamos a entender mejor a Dios.

Y ese es el principal motivo por el que Dios habló.

De modo que en este breve libro abordaremos la cuestión de la comprensión de la Biblia. Primero, algunas preguntas sobre "acercarse a la Biblia" como "¿Cuál es la manera más natural de leer la Biblia?", "¿Qué traducción deberíamos usar?", "¿Por qué hay tantas interpretaciones diferentes?", etc.

Luego responderemos preguntas básicas acerca de "Entender el Antiguo Testamento" seguido por "Entender el Nuevo Testamento". Finalmente diremos algunas cosas acerca de "Interpretar la Biblia".

Comenzaremos con una pregunta de motivación: "¿Cómo mejorará nuestra vida si entendemos mejor la Biblia?".

Capítulo 2

¿CÓMO MEJORARÁ NUESTRA VIDA SI ENTENDEMOS MEJOR LA BIBLIA?

Es justo realizar la pregunta: "¿Cómo mejorará mi vida si entiendo mejor la Biblia?" porque ciertamente es posible tener una Biblia, trasladar una Biblia, leer la Biblia, escuchar enseñanzas y sermones acerca de la Biblia... y ser negligentes en cuanto a entender lo que la Biblia realmente significa. Merece todo nuestro esfuerzo entender mejor la Biblia.

Primero, entender la Biblia *conduce a una vida fructífera*. Las mismísimas primeras palabras del mismísimo primer salmo dicen lo siguiente:

> Dichoso el hombre
> que no sigue el consejo de los malvados,
> ni se detiene en la senda de los pecadores
> ni cultiva la amistad de los blasfemos,

sino que en la ley del Señor se deleita,
  y día y noche medita en ella.
Es como el árbol
  plantado a la orilla de un río
  que, cuando llega su tiempo, da fruto
  y sus hojas jamás se marchitan.
  ¡Todo cuanto hace prospera! (Sal. 1.1-3)

Debemos ser intencionales acerca de qué clase de personas somos. ¿Queremos estar "plantados" en un lugar de salud y fertilidad o vagar en el pecado e incluso la maldad?

En cierta ocasión Jesús enseñó que entender y aplicar sus palabras *conducen a una vida estable.*

"Por tanto, todo el que me oye estas palabras y las pone en práctica es como un hombre prudente que construyó su casa sobre la roca. Cayeron las lluvias, crecieron los ríos, y soplaron los vientos y azotaron aquella casa; con todo, la casa no se derrumbó porque estaba cimentada sobre la roca" (Mt. 7.24-25).

Las palabras de Jesús están en el corazón de la Palabra de Dios, pero deben comprenderse y vivirse. Edificar tu casa sobre la arena de la opinión humana, el sentimiento popular o la experiencia arbitraria conducirá solo a un resultado... el derrumbe.

El apóstol Pablo explica cómo la Palabra de Dios *conduce a una vida de calidad.*

"Toda la Escritura es inspirada por Dios y útil para enseñar, para reprender, para corregir y para instruir en la justicia, a fin de que el siervo de Dios esté enteramente capacitado para toda buena obra."
(2 T. 3.16-17)

Qué bendición enorme tener la Sagrada Escritura, inspirada por Dios, que lleva a cabo estas cuatro cosas: (1) enseña (esto es, nos dice la verdad), (2) reprende (es decir, nos muestra cuando estamos fuera de foco en nuestra vida), (3) corrige (en otras palabras, nos trae de regreso a la buena senda) e (4) instruye en justicia (esto es, nos ayuda a permanecer en la senda correcta). ¡Se trata de un verdadero control de calidad para nuestra vida! Es Dios hablándonos con todo candor, honestidad, respaldo y confrontación. Es la mano firme de disciplina con el toque suave del amor.

El amor es el motivo real por el que tenemos la Escritura, la razón por la que Dios rompe el silencio y silencia el ruido. El escritor de Hebreos lo expresa mejor:

"Dios, que muchas veces y de varias maneras habló a nuestros antepasados en otras épocas por medio de los profetas, en estos días finales nos ha hablado por medio de su Hijo. A este lo designó heredero de todo, y por medio de él hizo el universo. El Hijo es el resplandor de la gloria de Dios, la fiel imagen de lo que él es, y el que sostiene todas las cosas con su palabra poderosa. Después de llevar a cabo la purificación de los pecados, se sentó a la derecha de la Majestad en las alturas" (Heb. 1.1-3).

Los principales puntos de inflexión en la Biblia no son meramente historia. Son hechos de amor: Dios desarrollando su propia historia exactamente como se propuso hacer. La ley del Antiguo Testamento es Dios enseñando pacientemente a los seres humanos acerca de la santidad. Los profetas anunciaban a viva voz sus advertencias y proclamaban grandes promesas, ambos hechos de amor. Y luego vino el discurso de Dios a través de su Hijo. En Jesús obtenemos verdad, lo que implica mucho más que simplemente "verdades". El Hijo es resplandor, gloria, purificación, autoridad. Esas letras en rojo que leemos en los Evangelios no son máximas morales. Son penetrantes rayos de luz.

¿Cómo mejorará nuestra vida si entendemos mejor la Biblia?

Cuando era adolescente y apenas me había convertido al cristianismo, me encontraba en una cafetería cristiana donde alguien enseñaba por un rato y luego otra persona cantaba un poco, y todos nos sentábamos en torno a mesas redondas rústicas para hablar de la vida. Un joven en mi mesa, que era unos años mayor que yo, llevaba consigo una Biblia enorme, casi del tamaño de la que uno puedo ver en los altares en las iglesias, con portadas de madera y bordes dorados. Nunca olvidaré cuando me miró fijamente a los ojos y dijo: "Hagas lo que hagas, presta atención a las palabras que están en este libro. Tiene todo lo que necesitas". Nunca olvidaré esa enorme Biblia, la mirada intensa de convicción en los ojos de aquel joven y su simple y precisa admonición. A partir de entonces leí la Escritura de forma diferente, con ojos llenos de fe. Sentí como si la Biblia me estuviera leyendo a mí en lugar de hacerlo yo con el texto, lo que probablemente sea aquello que Dios se ha propuesto lograr desde un principio.

Capítulo 3

¿CUÁL ES EL PANORAMA GENERAL DE LA BIBLIA?

Si entraras en la casa de alguien, escogieras un libro grande de una estantería y leyeras una simple oración o una página al azar, podrías tener la certeza de una cosa: no lo entenderías. Esa es la razón por la que *obtenemos sentido de las palabras al verlas en su contexto.*

Una de las cosas más útiles que podemos hacer para entender mejor la Biblia es adquirir una comprensión clara de todo el panorama del texto bíblico. Ver el "panorama general". Tomar un versículo aquí y allí para tener dirección en la vida es como decir a Dios que solo escucharemos su voz si él usa Twitter para enviarnos tuits.

No, la Biblia es una historia vasta y épica. La historia de Dios y la historia de la humanidad.

La Escritura hebrea (que los cristianos denominan como el "Antiguo Testamento") es una colección de 39 escritos que docenas de autores escribieron a lo largo de cientos de años. Es impresionante. Los libros del Antiguo Testamento incluyen historia, profecía, poesía, sabiduría y ley.

El pentateuco ("cinco libros"), integrado por Génesis, Éxodo, Levítico, Números y Deuteronomio, narra la historia de los comienzos. La creación del universo, la caída en pecado de la humanidad y la corrupción, y el desarrollo de la humanidad. Aprendemos acerca del carácter de Dios, un Dios personal que usa una familia particular para mostrar de qué forma obraría a través de un pacto. Es el Dios de Abraham, Isaac y Jacob. Por amor Dios libró a su pueblo de la esclavitud (Éxodo), le dio definición para la vida (los mandamientos y las leyes) y los llevó oportunamente a una tierra propia.

Los doce libros de historia que siguen (Josué, Jueces, Rut, 1 y 2 Samuel, 1 y 2 Reyes, 1 y 2 Crónicas, Esdras, Nehemías y Ester) continúan la historia de Dios con la humanidad. No se trata de historia en el sentido moderno de hechos y estadísticas. Es un verdadero drama lleno de ternura y violencia, éxito y fracaso, lealtad e infidelidad. Cientos de miles de descendientes de Abraham entran a la tierra de la promesa, luchan por vivir bajo la autoridad de Dios debido a que la seducción del pecado siempre es tan fuerte. De modo que nombran un rey y un gobierno como las demás naciones. Pero luego de solo tres generaciones el reinado se divide y los siguientes doscientos años están llenos de decepciones interrumpidas por avivamientos ocasionales. En su momento los súperpoderes de las regiones del noreste (Asiria y luego Babilonia) barren con el reino dividido. Los destruyen, los mandan al exilio. Pero luego de siete décadas se permite el regreso de pequeñas cantidades de hebreos para reconstruir su comunidad y su nación.

Después tenemos los libros de poesía y sabiduría: Job, Salmos, Proverbios, Eclesiastés y Cantar de los cantares. Los autores de estos libros expresan con libertad alabanza, angustia, afirmación y anhelo. Aquí aprendemos mucho acerca de lo que yace en el corazón humano, así como también en el corazón de Dios.

Los libros que denominamos como "profetas mayores" (Isaías, Jeremías, Lamentaciones, Ezequiel y Daniel) junto a los doce profetas menores (Oseas, Joel, Amós, Abdías, Jonás, Miqueas, Nahúm, Habacuc, Sofonías, Hageo, Zacarías y Malaquías) incluyen oráculos proféticos, historia y profecía. Reyes y gobiernos no son la respuesta al caos humano, por lo que Dios utiliza a los profetas para confrontar, instruir y guiar al pueblo de Dios.

Cuatrocientos años después del último libro del Antiguo Testamento, la historia humana se transforma con el surgimiento de Jesús el Mesías. Los cuatro Evangelios (Mateo, Marcos, Lucas y Juan) narran la historia de Jesús como una historia personal y como expresiones de fe. Se denominan "evangelio", que significa "buena noticia". Lucas prosigue la historia en Hechos de los apóstoles al contar los dramáticos eventos en la misión de los representantes designados por Jesús. La promesa hecha a Abraham dos mil años antes, de que mediante su familia "todas las naciones de la tierra serán bendecidas", se revela dramáticamente por primera vez mientras el mensaje de Jesús se esparce a través de imperios y continentes.

Las trece cartas que el apóstol Pablo dirigió a comunidades cristianas e individuos y las "epístolas generales" del Nuevo Testamento contienen nuevas enseñanzas frescas acerca de la vida, usualmente en respuesta a problemas. También revelan el carácter de Dios, ahora visto desde un plano superior de revelación luego del derramamiento del Espíritu Santo.

El libro de Apocalipsis nos fascina e intriga a la vez. Su caleidoscopio de oráculos, juicios e imágenes nos deja fuera de la complacencia. Pero Apocalipsis también es un libro de consuelo. Dios pone todo en orden. Y así las cosas llegan a completar un círculo. Desde el jardín hasta el paraíso.

Este es el "panorama general". En él encontraremos verdades duras y verdades que dan vida, pero solo si las leemos a la luz de la gran realidad de Dios.

Capítulo 4

¿QUÉ TRADUCCIÓN BÍBLICA DEBERÍAMOS USAR?

Si te preguntaras qué versión de la Biblia deberías usar, es importante que sepas esto: tienes la bendición de contar con una serie de excelentes alternativas. En siglos recientes el interés y la reverencia por la Biblia han inspirado esfuerzos mayores involucrando a miles de investigadores, lingüistas y traductores. La Biblia completa está disponible en aproximadamente quinientos idiomas, con miles de otros que cuentan con porciones de la Biblia ya traducidas.

El propósito de la traducción bíblica es "trasladar" con precisión el significado de los textos bíblicos a partir de sus idiomas originales (hebreo y arameo para el Antiguo Testamento y griego para el Nuevo Testamento) al "idioma receptor". Eruditos y comités de académicos utilizan los últimos conocimientos en materia de manuscritos antiguos para expresar con precisión lo que los autores originales de la Escritura se propusieron comunicar.

¿Por qué hay decenas de traducciones bíblicas diferentes en español? Se debe a que existen distintas opciones en la forma en que los traductores bíblicos trasladan el significado de los textos griegos y hebreos al idioma receptor. Por ejemplo, algunas traducciones se proponen expresar el significado de los textos palabra por palabra (a veces conocidas como traducciones "literales"). Lo positivo de este enfoque es que el lector de la Biblia puede conocer la elección de la palabra y la fraseología específicas de los autores bíblicos. La desventaja es que los textos de la Biblia traducidos de este modo pueden ser difíciles de leer. Hasta que uno se acostumbra al estilo, puede parecer rígido, arcaico y no familiar, pero uno ciertamente puede acostumbrarse a dicho tipo de traducción.

Otro enfoque es traducir pensamiento por pensamiento. La traducción realizada de este modo tendrá un lenguaje más familiar para los lectores en español y por lo tanto probablemente más fácil de leer. Traducir de este modo puede señalarse también como preciso si conlleva el verdadero significado de los textos originales.

Luego está el método de la traducción libre o paráfrasis, que se propone dar a los lectores el flujo del texto bíblico al traducir "idea por idea", a veces expresando el significado de nuevas formas mediante oraciones enteras en vez de hacerlo en base a las palabras exactas del hebreo o del griego. Una paráfrasis puede utilizar la palabra *linterna* en lugar de *lámpara*, por ejemplo.

Debates acalorados rodean el tema de la traducción bíblica. La gente que toma seriamente la Biblia quiere traducciones que sean precisas y fieles a lo que los escritores de la Sagrada

Escritura se propusieron comunicar. Pero el lector típico de la Biblia puede estar seguro de que no hay solo una traducción precisa. De hecho, para el creyente serio, lo mejor es tener y leer diferentes traducciones en su lectura devocional, pero en especial para el estudio de la Biblia o al prepararse para enseñar acerca de ella.

Ten en cuenta lo siguiente: la mejor traducción de la Biblia será la que realmente leas. Si compras la última traducción literal de la Biblia pero no lees realmente sus páginas o si acumula polvo en la estantería, dicha versión de la Biblia será de menor valor para ti que una que realmente leas porque te resulta comprensible.

Puedo hablar de forma personal acerca de esto. Mientras crecía, muchas veces intenté leer la versión estándar de la Biblia que me entregaron en la iglesia… y fracasé en el intento. Pero cuando alguien puso en mi mano una paráfrasis recién editada del Nuevo Testamento (cuando tenía diecisiete años de edad) comencé a leerla sin poder dejarla de lado. Mi vida cambió aquel verano. Un año después comencé a leer una de las traducciones más literales. Era una tarea ardua y me tomó la mayor parte de un año, pero fue muy benéfico para mí en un nivel diferente. En las décadas siguientes me acostumbré a referirme a numerosas traducciones mientras preparaba mis enseñanzas y sermones. Tengo mucho respeto por los expertos diligentes que nos han dado estos regalos.

He aquí algunas de las versiones más populares de la Biblia en español disponibles en la actualidad:

Nueva Versión Internacional (NVI): una traducción estándar que se utiliza cada vez con mayor frecuencia en el mundo hispano.

Nueva Traducción Viviente (NTV): una traducción fácil de leer en base al método "pensamiento por pensamiento" a partir de los textos en hebreo y griego.

Reina Valera 1960 (RVR60): la traducción clásica evangélica es un hito en la literatura en lengua española (su origen data de 1602, cuando Cipriano de Valera revisó la traducción de Casiodoro de Reina, original de 1569), pero en muchos aspectos alejada en expresiones del español contemporáneo.

Reina Valera Contemporánea (RVC): una actualización reciente de la clásica Reina Valera 1960, amada en todo el mundo de habla hispana.

Dios Habla Hoy (DHH): una traducción con lenguaje ameno y accesible que logra combinar los dos enfoques, tanto "palabra por palabra" como "pensamiento por pensamiento". Existen ediciones católicas, protestantes e interconfesionales de esta Biblia.

Traducción en Lenguaje Actual (TLA): traducción "pensamiento por pensamiento" mediante un lenguaje muy sencillo que en varios aspectos se aproxima a la paráfrasis. Existen ediciones católicas, protestantes e interconfesionales de esta Biblia.

La Biblia de las Américas (LBLA): reconocida como la traducción más literal producida en el siglo XX. En 2005 se publicó una versión actualizada en lenguaje latinoamericano denominada como Nueva Biblia Latinoamericana de Hoy (NBLH).

Nueva Biblia al Día (NBD): una traducción libre (paráfrasis) originalmente publicada en inglés por Kenneth Taylor bajo el nombre de *Living Bible*.

Capítulo 5

¿QUÉ AYUDA PODEMOS OBTENER A FIN DE ENTENDER MEJOR LA BIBLIA?

"¿Acaso entiende usted lo que está leyendo?" Esta fue la pregunta que el apóstol Felipe realizó a un hombre procedente de Etiopía que viajaba en un carro en el desierto de Jerusalén hacia el mar Mediterráneo (Hechos 8). El hombre era el ministro de finanzas de Etiopía, pero había estado en Jerusalén para la fiesta de Pentecostés y de alguna manera obtuvo una copia del libro del profeta Isaías. ¿La respuesta del hombre? "¿Y cómo voy a entenderlo si nadie me lo explica?"

Toda persona que alguna vez leyó la Biblia se ha preguntado: *¿A quién podré recurrir para que me ayude a entender lo que estoy leyendo?* Algunos procurarán conseguir un libro o un comentario que explique esta o aquella porción de la Escritura; la mayoría de la gente simplemente dejará que sus pastores u otros maestros realicen la tarea ardua de la interpretación bíblica, y se quedarán con lo que escuchen pues confían en la persona que les enseña.

Pero la mayoría de los creyentes llega al punto de darse cuenta de su necesidad de permitir que las palabras de la Escritura le hablen directamente, sin la influencia de un intérprete humano. Se trata de un instinto saludable porque la Palabra de Dios en verdad es un regalo de él directamente al creyente. Los grandes movimientos espirituales han ocurrido cuando creyentes comunes y corrientes redescubrieron la Biblia por sí mismos. Por otro lado, estamos destinados a vivir en comunión con otros creyentes y aprender juntos el significado de la Palabra de Dios.

Debe haber un balance en este aspecto: una obra del Espíritu de Dios en la mente y el corazón de los creyentes a medida que reciben iluminación mediante el texto bíblico para sí mismos, pero con la asistencia adecuada de personas maduras y de expertos en la Biblia que son arqueólogos, historiadores, eruditos en lingüística, etc.

De modo que, dando por sentado que sabemos que necesitamos leer la Biblia por nuestra cuenta y disfrutar un proceso duradero de descubrimiento y enriquecimiento personal, ¿qué recursos externos tenemos disponibles para ayudarnos en esta travesía?

1. *Biblias de estudio*. Una de las maneras más comunes mediante la que podemos hallar información y guía confiables se encuentra en las páginas de una buena Biblia de estudio. La mayoría de las traducciones bíblicas más populares tienen una versión "de estudio", que se trata del texto bíblico con explicaciones adicionales mediante tablas, mapas, ilustraciones y notas. Las notas son explicaciones breves de palabras, frases, personas y eventos. Una Biblia de estudio puede tener decenas de miles de notas en total, por lo general preparadas por una variedad de eruditos bíblicos. Existen docenas de Biblias de estudio en español. Dos que se distinguen por la amplitud de sus equipos de eruditos y académicos son la *Biblia de Estudio NVI* (Zondervan) y *La Biblia de las Américas versión de estudio* (Lockman).

2. *Diccionarios o enciclopedias bíblicos*. Para obtener mucha más información que la contenida en las notas de una Biblia de estudio, utiliza un diccionario bíblico (de uno o dos volúmenes) o una enciclopedia bíblica (múltiples volúmenes, con mucho más detalle). Todo lector serio de la Escritura debe adquirir al menos un diccionario bíblico. Un buen diccionario contiene miles de artículos breves, por lo general actualizados cada cierto período de tiempo, sobre personas, lugares, doctrinas, historia, geografía, arqueología y mucho más. En un diccionario bíblico puedes buscar por temas como *el libro de los Hechos*, o *el apóstol Juan*, o *Jericó*, o *santificación*, o *Mesías*, o *semilla de mostaza*, o *río Jordán*, o *Poncio Pilato*, etc. Los diccionarios bíblicos incluyen mapas, dibujos, tablas e ilustraciones. Son herramientas maravillosas. No te dicen el significado de determinados pasajes pero te dan información que no serías capaz de obtener por tu cuenta a fin de ayudarte a comprender mejor la Biblia.

3. *Comentarios bíblicos*. En el camino del desierto, Felipe supo que aquel hombre de Etiopía leía una profecía mesiánica muy importante en el libro de Isaías. Cuando se le preguntó sobre el pasaje, Felipe ofreció una explicación que condujo, en última instancia, a que el etíope se convirtiera en creyente ¡y pidiera bautizarse! Los comentarios son explicaciones del texto bíblico libro por libro, pasaje por pasaje, versículo por versículo. Los expertos que escriben comentarios nos ayudan a entender dónde y cuándo se escribieron los libros bíblicos, el contexto histórico del cual surgen, los posibles sentidos que quisieron dar los autores a sus escritos y diversas formas de abordar pasajes difíciles. Los comentarios no son sermones. Ofrecen exégesis, palabra que significa "extraer" el sentido de los autores originales.

Existen buenos comentarios acerca de la Biblia que se componen de un solo volumen, pero siempre es mejor obtener un comentario que trate específicamente sobre un solo libro de la Biblia, lo que resultará de mayor provecho a la hora del estudio. Pero ten en cuenta lo siguiente: algunos comentarios son elevados en cuanto a lo técnico pues abordan con gran detalle el texto en hebreo y griego, por lo que resultan difíciles de utilizar a menos que sepas dichos idiomas. Otros comentarios son mucho más accesibles para el estudiante bíblico promedio, conduciendo directamente al significado del texto sin dejar que los "árboles" hagan perder el panorama general del "bosque". Una serie de comentarios de la que soy particularmente aficionado es *The Bible Speaks Today* (IVP, Series, editores: J. A. Motyer y John Stott), de momento publicada solamente en idioma inglés.

Existen otras herramientas para ayudarnos a entender la Biblia: manuales bíblicos, Biblias en Internet (que nos ayudan a encontrar pasajes con rapidez), atlas, etc. Pero las tres herramientas principales enumeradas más arriba nos darán, por lo general, toda la ayuda que necesitemos cuando digamos, al igual que el etíope: "¿Y cómo voy a entenderlo si nadie me lo explica?"

Parte II

ENTENDER EL
ANTIGUO TESTAMENTO

Capítulo 6

¿CÓMO DEBERÍAMOS ENTENDER LAS HISTORIAS DEL ANTIGUO TESTAMENTO?

Cuando era niño alguien me obsequió un set de grabaciones de historias bíblicas dramatizadas. Recuerdo que cautivaron mi atención. Eran narraciones en audio muy bien producidas con efectos de sonido tales como el golpe de espadas, aguas turbulentas, leones rugientes, carruajes y los clavos atravesando las manos de Jesús. Las historias se afincaban en mi cabeza a medida que escuchaba las grabaciones una y otra vez.

Es habitual que en las iglesias cristianas los niños reciban enseñanzas bíblicas historia por historia. Luego, de algún modo, tenemos la idea de que los adultos podemos manejar verdades más elevadas que hallamos en lugares como las epístolas del Nuevo Testamento. Pero esto es perder de vista el esquema general de la Biblia. La columna vertebral de la Biblia es historia o narrativa. Si miramos al panorama completo de la Escritura, desde Génesis hasta Apocalipsis, existe una gran historia: la creación, la caída de la humanidad en pecado y corrupción, los esfuerzos de Dios por redimir a la humanidad y la restauración final de todas las cosas. Esta es la metanarrativa de la Biblia.

Esta gran historia se divide en dos grandes narrativas: la obra de Dios a través de un pueblo elegido (el antiguo pacto) y luego, con la venida de Jesús, la manera en que Dios forjó un nuevo pacto abierto a los pueblos de todos los rincones del mundo. Si realizamos una división con más detalle, obtenemos las historias individuales de José, del éxodo, de Rut, de Josué, de la destrucción de Jerusalén, de Daniel en Babilonia y cientos de otras más. Entonces ¿cómo deberíamos entender las narrativas del Antiguo Testamento, que constituyen casi la mitad del texto de dicha sección de la Biblia?

1. Debemos leer narraciones individuales en su contexto específico, pero con las narrativas más amplias en mente. La historia de Rut, por ejemplo, es una narración rica y conmovedora en sí misma acerca de la lucha, el compromiso, la fe y la redención. Pero luego aprendemos que Rut fue la bisabuela del rey David, por lo que se sitúa dentro de la perspectiva más amplia del Antiguo Testamento. Más sorprendente aun, esta mujer de Moab aparece en la genealogía de Jesús debido a su linaje con David (Mt. 1.5). Por lo que la importancia de la historia de Rut va más allá de sus parientes o la recolección de granos.

2. Debemos leer las narraciones del Antiguo Testamento en el sentido literal, leyendo por el sentido natural. El propósito de la narrativa es decirnos lo que ocurrió y ayudarnos a entender el sentido mayor de lo sucedido. No todas las historias tienen una moraleja. El relato acerca de Josué liderando a los hebreos a través del río Jordán significa exactamente eso. No debemos suponer que existe algún sentido simbólico del río ni de Josué ni del lugar al que cruzaron. Es incorrecto imponer un significado simbólico o alegórico en una historia bíblica. Es engañoso y arbitrario. Supone que existe un sentido oculto en las historias bíblicas, lo que lleva a que el lector normal de la Biblia diga: "¿Me pregunto qué estaré perdiéndome aquí?". No tiene que ser así. En cambio debemos suponer que el escritor bíblico quiso expresar "historia por historia" algo específico, coherente e inteligible. Esto es leer la Escritura en sus propios términos, respetando la intencionalidad de los autores bíblicos. Tomar las narraciones del Antiguo Testamento en su sentido literal elimina gran parte de la ansiedad que podríamos tener si siempre andamos en búsqueda de algún sentido supuestamente oculto.

3. También debemos evitar moralizar o espiritualizar cada historia que leamos del Antiguo Testamento. Por ejemplo, ¿cuál sería la historia moralizante del engaño que Jacob hizo a su hermano Esaú y luego a su tío Labán, haciéndoles trampa para quedarse con una fortuna? El texto no condena lo que hizo Jacob ni tampoco apoya sus acciones. La narración simplemente nos cuenta lo que ocurrió. La historia de la batalla de Josué por la ciudad de Hai no significa que debamos destruir a nuestros enemigos. La historia de Isaac al buscar esposa (Gn. 24) no nos ofrece un método para las citas. Y cuando Moisés se dirige al tabernáculo debajo de la nube de la gloria de Dios no nos da un parámetro acerca de cómo deberíamos orar o adorar. Estas historias tienen una gran importancia en el contexto más amplio de la narrativa de la Escritura, pero aminoramos dicha relevancia cuando buscamos una enseñanza "moral" de la historia. Sin embargo, estas historias ilustran verdades o valores morales que se enseñan en otras partes de la Escritura. Esa es la mejor manera de leerlas.

4. Debemos aprender de la vida compleja de los personajes de las historias bíblicas. Podríamos sentir mucha tensión del hecho de que incluso los grandes héroes de la fe en el Antiguo Testamento tenían fallas y transgresiones abiertas. Por lo general la narración no suele ser directa ni tampoco indica cuál era la conducta honorable o despreciable. Se supone que nos daremos cuenta de ello en base a otras partes de la Escritura con enseñanzas morales. La Biblia es maravillosamente sincera. Los personajes de las narraciones son pecadores y aun así parte del despliegue histórico de la gran historia de la Escritura: la historia de Dios.

5. Debemos leer a través de la narrativa bíblica viéndola como la gran historia de Dios, quien es el personaje central. La narrativa del Antiguo Testamento revela al Creador de todas las cosas como el Dios de santidad y de amor. En las historias evidenciamos al Dios de santidad para quien lo correcto e incorrecto, lo bueno y lo malo realmente importan. Y su amor resulta evidente en su paciencia, perdón, dirección, protección y misericordia.

Lo que es cierto con respecto a las grandes narraciones, en especial las que se encuentran en la Sagrada Escritura, es que cada vez que las leemos descubrimos algo nuevo. Un detalle aquí y allí. Una actitud en uno de los personajes. Una mirada, un aroma o un sonido. Una silueta de un atributo de Dios. Y nos veremos a nosotros mismos, no por imponernos sobre la narración sino cuando reconozcamos una esperanza que hayamos tenido o una devastación que hayamos experimentado. Vemos nuestros pecados, no solo los pecados de los personajes en la historia. Y vemos esperanza para todos nosotros, quienes de otra forma estaríamos sin esperanza si no fuera por la misericordia de Dios.

Capítulo 7

¿CUÁL ES EL PANORAMA GENERAL DEL LIBRO DE LOS COMIENZOS?

Si alguien pidiera que tomes todo el tiempo que quieras para responder la pregunta "¿Quién eres tú?", seguramente empezarías desde el comienzo. Tu nacimiento, tus padres, tu ciudad natal, tu grupo étnico. Para comprender totalmente a una persona, un pueblo o un lugar de la actualidad debemos hurgar en sus comienzos.

Ese es el motivo por el que la Biblia comienza con la frase "En el principio". Generaciones de creyentes han hallado sentido y propósito en la vida (incluyendo sus tragedias y triunfos) mediante la lectura de Génesis, el libro de los comienzos. Cuando leemos Génesis debemos ver la gran parte de la historia de Dios en él. El libro no es meramente una secuencia de eventos. Es una teología con respecto a la intención de Dios al crear a la humanidad, acerca de la espantosa corrupción dentro ella y sobre el método de Dios para restauaria, comenzando con un hombre y una tribu.

"Dios, en el principio, creó los cielos y la tierra". En otras palabras: todo. Justó allí en unas pocas palabras hebreas, *Bereishit bara Elohim et hashamayim ve'et ha'aretz*, tenemos una definición específica de la realidad. Primero, existe un Dios único que decide crear. Esto elimina las principales alternativas: ateísmo (ningún dios), politeísmo (muchos dioses) y panteísmo (el universo como dios). En muchas otras religiones ancestrales existe un dios que compite con el sol, la luna, las estrellas y los monstruos marinos, quienes también son dioses. Por contraste, en Génesis Dios es el Creador de todo. Esto determina la perspectiva que se lleva adelante a lo largo de toda la Escritura, de que solo hay dos categorías en el universo: Creador y creados. Un Dios todopoderoso y todo lo demás.

Y existe orden en la creación. Dios hace que exista por medio de su palabra y luego ordena la forma en que debe funcionar la vida. Por lo tanto existe una armonía y una lógica en la creación. Por esta razón no deberíamos considerar a la ciencia y la Biblia como entidades separadas una de la otra. La ciencia se basa en ser capaces de predecir el modo en que serán las cosas porque existe un orden y una predictibilidad en la naturaleza. Esto es teológica y empíricamente cierto.

Génesis ubica a la humanidad en el ápice de la creación, mientras que en otras religiones los seres humanos son esclavos de los dioses. La idea revolucionaria de que la humanidad fue creada "a imagen de Dios" afirma la dignidad y el valor de los seres humanos. La desobediencia del hombre y la mujer y la caída en pecado es más trágica debido a que se trata de una fractura en la imagen de Dios. El libro de los comienzos describe el génesis del pecado en los seres humanos como personas que sucumben a la tentación de elevarse aun más alto del noble lugar que ocupan, creyendo que su conocimiento es mejor que el mandamiento de Dios.

De modo que Génesis habla de múltiples principios o comienzos: del universo, de la humanidad, del pecado, de las naciones y de una nación en particular a la que Dios usaría para definir el modo correcto de vivir. La mayor parte del libro de Génesis (capítulos 12 al 50) narra la historia de los patriarcas de Israel: Abraham, Isaac, Jacob y los hijos de Jacob que produjeron las tribus de los hebreos, contabilizando cientos de miles hacia el final del libro. Este es el pueblo de Dios. Una tribu en particular a quien Dios usó de formas singulares a fin de establecer principios universales.

En el Nuevo Testamento el apóstol Pablo interpreta Génesis al describir la esencia del significado de la historia de Abraham. La gracia mediante la fe. La justicia como una relación correcta. La paciencia en la promesa. Y mucho más. La verdad de Génesis llega incluso hasta donde vivimos. Abraham fue justificado por la fe y por lo tanto siempre debe ser así (Ro. 4; Gá. 3; Heb. 11).

En las narraciones acerca de Abraham, Sara, Isaac, Jacob, Esaú, José y sus hermanos, y muchos otros vemos una descripción cruda de las virtudes y los vicios humanos, de la fe en Dios y la contienda contra él. No debemos tomar sus conductas como prescripciones para lo que deberíamos hacer en nuestra vida y no existe necesariamente una enseñanza moral en cada historia. El texto no nos dice en cada lugar qué acciones de estas personas son correctas y cuáles erróneas. Génesis nos da la narrativa; el cuadro completo de la Escritura provee la lente de aumento con la que podemos examinar cada historia.

Debemos leer Génesis en contexto a fin de obtener la verdad completa del mismo. Ocasionalmente resulta benéfico leer todo el libro de Génesis en tres o cuatro intervalos, buscando los temas mayores. Cuando lo hacemos, vemos la grandeza de Dios, la dignidad y la tragedia de la humanidad, y el proceso paulatino y progresivo en donde una tribu aprende lecciones para todos nosotros. Génesis establece el tono de todo lo demás en la Escritura. Contiene el ADN del pueblo de Dios.

De modo que si alguien te pidiera dedicar tanto tiempo como quisieras para contar quién eres, deberías considerar empezar con Génesis.

Capítulo 8

¿CÓMO DEBERÍAMOS ENTENDER LA LEY?

La mayoría de la gente que comienza a leer la Biblia desde el principio por primera vez, tendrá típicamente esta experiencia: Génesis es fascinante con la historia de la creación, Babel, el diluvio y las historias épicas de Abraham, Isaac y Jacob. La historia del éxodo también es fascinante. Y luego llega la ley. El monte Sinaí y los diez mandamientos resultan familiares. A continuación viene la oleada de leyes y estipulaciones, muchas de las cuales están tan alejadas de nuestra cultura y tan difíciles de entender que el lector de la Biblia podría atascarse. Esto sucede alrededor de la mitad de Levítico, por lo general.

¿Que es "la ley"? ¿Cuál es el sentido de tener más de seiscientas regulaciones? Y, muy importante, ¿cuánto de esto se aplica a nuestra vida? ¿Por qué consideramos que el mandamiento que dice "No cometas adulterio" (en los diez mandamientos) se aplica a nosotros, pero "No usen ropa tejida con dos clases distintas de hilo" no?

En la Escritura la expresión "la ley" puede referirse a las más de seiscientas regulaciones que promulgó Moisés al pueblo en Éxodo, Levítico, Números y Deuteronomio, o referirse a los primeros cinco libros de la Biblia, o como una forma breve de señalar el patrón completo de la vida religiosa y los rituales en el Antiguo Testamento. "Ley" es una forma para que cualquier sociedad defina los límites apropiados de conducta tanto para su protección como para su desarrollo. Pero la ley del Antiguo Testamento es singular en cuanto a que fue la forma en que Dios modeló su relación con el pueblo del pacto.

Esto nos ayudará a entender la (por momentos) desconcertante variedad de leyes, algunas de las cuales hoy en día nos resultan tan extrañas. Dios eligió a los hebreos para que vivieran de una forma distintiva mediante su vestimenta, su comida y su forma de adorar. La mayoría de estas leyes no continuaron luego de la venida de Cristo, cuando el antiguo pacto dio lugar al nuevo y la forma de vivir en obediencia a Dios llega mediante una clase de ley superior a la anterior.

Entre Éxodo y Deuteronomio existen tres clases de leyes. Primero hay *regulaciones civiles*, por ejemplo, derechos de propiedad, parámetros de matrimonio y divorcio, leyes con sanciones para el robo, el crimen y otros delitos, regulaciones de salud, etc. Luego están las *instrucciones rituales* que definen el sistema de sacrificios, los festivales, el rol de los levitas y las características físicas precisas del tabernáculo. Finalmente están los *principios morales*, que incluyen la ética sexual, los temas principales de los diez mandamientos y mucho más. Estos tres tipos de leyes en ocasiones se denominan ley civil, ley ceremonial y ley moral.

Entonces ¿cómo sabemos cuáles de las seiscientas leyes del Antiguo Testamento se aplican a los cristianos en la actualidad? ¿Deberíamos evitar comer mariscos? ¿Tenemos que observar la Pascua? ¿Está mal robar? ¿Debemos guardar el día de reposo (es decir, descansar el séptimo día de la semana, el sábado)? ¿Las relaciones sexuales entre parientes están mal? ¿Dar el diezmo (es decir, ofrendar el diez por ciento de nuestros ingresos) es un mandamiento eterno?

Debemos responder estas cuestiones sobre una mejor base que nuestras intuiciones. Las condiciones del nuevo pacto deben guiar nuestra búsqueda de definiciones y lo que encontramos en el Nuevo Testamento es que la ley civil fue la manera en que Dios modeló la sociedad hebrea; no es vinculante hoy en día. La ley ritual empleaba el sacrificio, los festivales y el tabernáculo para enseñar lecciones acerca del pecado y la expiación, pero ahora ha sido superada y reemplazada por la obra de Cristo (ver la enseñanza en el libro de Hebreos, en el Nuevo Testamento). Las leyes morales tienen una validez permanente, pero la mayoría debido a que se repiten de una forma u otra en el Nuevo Testamento.

Pero para que no reiteremos el legalismo y la justicia propia de los fariseos y maestros de la ley del tiempo de Jesús, se nos guía en el nuevo pacto mediante este único principio trascendental: la ley del amor o "la ley de Cristo" (Gá. 6.2). Jesús dijo que toda la ley del antiguo pacto puede resumirse de la siguiente forma: "Ama al Señor tu Dios con todo tu corazón, con todo tu ser y con toda tu mente" y "Ama a tu prójimo como a ti mismo" (Mt. 22.37-40). Pablo lo expresó de este modo: "En efecto, toda la ley se resume en un solo mandamiento: 'Ama a tu prójimo como a ti mismo'." (Gá. 5.14) y "el amor es el cumplimiento de la ley" (Ro. 13.8-10).

Sería razonable preguntar: "De modo que si la mayor parte de la ley en los primeros cinco libros de la Biblia no se aplica a nosotros hoy, ¿en qué sentido es parte de la Palabra de Dios para nosotros?". Aquí es donde debemos dejar de lado todo egocentrismo. El panorama de la narrativa bíblica es la historia de Dios en movimiento entre y dentro del pueblo a fin de traer salvación a la humanidad, pero esto no significa que cada versículo trate acerca de nosotros. La ley del Antiguo Testamento es la Palabra de Dios para toda la gente de todos los tiempos, pero dada a grupos específicos de personas en el contexto de la dinámica de Dios y el desarrollo progresivo de una relación de pacto con los seres humanos. El apóstol Pablo lo explica de esta forma: "Así que la ley vino a ser nuestro guía [custodio, tutor] encargado de conducirnos a Cristo, para que fuéramos justificados por la fe" (Gá. 3.24).

De modo que la ley se erige como una verdadera expresión de la voluntad y los caminos de Dios, manifestados en una época particular, sujeta a modificación, proveyendo la base para revelaciones mayores de lo que significa ser el pueblo del pacto de Dios. Jesús resumió esto cuando dijo: "No piensen que he venido a anular la ley o los profetas; no he venido a anularlos sino a darles cumplimiento" (Mt. 5.17).

Capítulo 9

¿QUÉ ES LO IMPORTANTE ACERCA DE LA TIERRA DE LA BIBLIA?

Una de las maneras en que sabemos que la verdad de la Biblia está enraizada en la realidad es que la historia de la Biblia (el drama de la interacción de Dios con la humanidad) se desarrolla en un lugar real. Se trata de un Dios real conectándose con gente real a lo largo de una línea de tiempo que ocurre durante miles de años en una parte específica del mundo. La Biblia no es filosofía distante. Nos habla de lo que *ocurrió* (en la historia) de modo que podamos entender lo que *sucede* (en la vida).

Luego del Pentateuco (los primeros cinco libros de la Escritura) aparece una transición mayor mientras los israelitas errantes ingresaban a la antigua tierra de Canaán. Bajo el liderazgo de Josué, los ejércitos israelitas conquistaron este territorio prometido a ellos por Dios como su herencia (Jos. 1.1-6). La pequeña tierra de Israel, de cuatrocientos kilómetros de largo y ciento cincuenta kilómetros de ancho, sería el escenario principal para la representación del drama de la redención hasta la misión transformadora del mundo llevada a cabo por los apóstoles. Todo esto en un período de tiempo de dos milenios.

¿Cómo es esta "tierra buena y espaciosa, tierra donde abundan la leche y la miel" (Éx. 3.8)? Para los hebreos que habían dejado la esclavitud en Egipto cuarenta años atrás significaba una auténtica bendición. No era el paraíso, pero las llanuras y colinas eran una buena tierra para los granjeros que cultivaban granos de trigo y cebada, que desarrollaban olivares e higueras, y cuidaban viñas. El clima costero es similar al que tiene la parte sur de California, en EE.UU.

En el Antiguo Testamento hallamos los puntos conectores entre la tierra, la vida y la teología. Los tres grandes festivales (la Pascua, las Primicias y la Cosecha Final) correspondían al comienzo y al final de las cosechas. La lluvia es la gracia de Dios. La comida sobre la mesa es la bendición del Señor. La sequía es un tiempo de prueba. La tierra también sostenía el pastoreo de las ovejas y las cabras. De modo que resultaba natural describir el cuidado de Dios como su pastoreo (Sal. 23) y Jesús como "el buen pastor". Tierra real, vida real, gente real, Dios real.

Pero Israel era una tierra en la que resultaba difícil vivir desde un punto de vista político. Los reinos circundantes eran casi una amenaza continua y parte de eso tiene que ver con la geografía de la tierra de Israel. Si observas un mapa de la región, lo que verás es que esta pequeña tira de tierra está cercada por el mar Mediterráneo al oeste y el desierto árabe al este. Luego, para complicar aún más las cosas, la región al norte y al este (conocida como la Mesopotamia) era la base de una sucesión de imperios agresivos: Asiria, Babilonia, Persia. Al sur y al oeste de Israel se encuentra la gran tierra de Egipto. Por lo que Israel es un pequeño puente de tierra entre el mar y el desierto ubicado en el camino de súperpoderes desde el noreste hasta el sudoeste. Esto explica gran parte de la historia del Antiguo Testamento. Es sorprendente, en efecto, que durante breves períodos de tiempo Israel pudiera ser lo suficientemente fuerte como para tener seguridad y estabilidad.

Para comprender más acerca de este lugar y los eventos que ocurrieron allí, imagina esta mirada a vuelo de pájaro. A lo largo de la tierra desde el oeste al este, hay cinco regiones principales (imagínalas como tiras que van de norte a sur). Primero está la llanura costera, fértil y frondosa; es una parte deseable de la tierra y por lo tanto impugnada por gente como los filisteos que ocuparon la costa sur durante siglos. Las batallas con carros ocurrieron aquí, no tanto en la región montañosa central del territorio.

Al este de la llanura costera se encuentran las colinas que conocemos como la Sefelá, que se elevan hasta los cuatrocientos metros de altura aproximadamente. Las suaves colinas de esta región también son fértiles, con abundantes huertos de olivares e higueras. También es el campo de batalla de muchas disputas en la época de Josué y los Jueces, y es la región donde David se puso en pie ante el guerrero filisteo llamado Goliat.

Al avanzar de nuevo hacia el este, llegamos a la región montañosa central incluyendo Judea y Samaria. Estas montañas bajas (con una altura cercana a los mil metros) son colinas de piedra caliza ondulantes a lo largo del paisaje. Jerusalén se encuentra sobre un conjunto de dichas colinas, al igual que Belén.

La cuarta región es el valle del río Jordán, que cae de forma dramática desde las montañas centrales hacia una altura inferior al nivel del mar.

Y finalmente, de nuevo hacia el este, se erige la región del altiplano conocida como Transjordania. Desde allí Moisés visualizó la tierra prometida a la que no se le permitió ingresar.

En el norte se encuentra la llanura fértil y el mar productivo conocidos como Galilea. Hablaremos más acerca de esta región cuando lleguemos al estudio del Nuevo Testamento.

Esta es "la tierra". Más que geografía o una parcela en un mapa, es central para la promesa del pacto de Dios. Al momento de llegar al nuevo pacto encontramos que la geografía de Dios y la misión de su pueblo se extienden hacia el mundo entero, tal como fue prometido a Abraham, el hombre de la Mesopotamia que caminó a través de colinas calcáreas: "¡Por medio de ti serán bendecidas todas las familias de la tierra!" (Gn. 12.3).

Capítulo 10

¿CÓMO DEBERÍAMOS INTERPRETAR AQUELLO QUE LOS PROFETAS TENÍAN PARA DECIR?

Es correcto ser sinceros si tuviéramos dificultades en cuanto a la comprensión de ciertas secciones de la Biblia. Recuerda: la dificultad de entender la Escritura no es un problema. Es lo que uno espera de un cuerpo de escrituras que hablan a las complejidades de la experiencia humana y contienen la verdad más importante de un Dios trascendente. Cuando llegamos a los profetas, por lo general las preguntas que realizamos son: *¿De qué están hablando? ¿Se trata de ellos o de nosotros? ¿Es profecía acerca del pasado o del futuro?*

Recuerda que al interpretar la Biblia la explicación simple y más natural siempre es la mejor. Cuando Jeremías habla acerca de Babilonia, quiere decir "Babilonia". Amós realmente advertía acerca de los ejércitos de los asirios que descendían sobre Israel. Las palabras de Hageo sobre la reconstrucción del templo trataban acerca de los eventos durante aquel período en que los judíos recibieron permiso para regresar a Jerusalén. La mayoría de los eventos de los cuales los profetas del Antiguo Testamento hablaron se cumplieron en la época en que expresaron sus mensajes. Lo que debemos hacer durante estos siglos posteriores es extraer y aplicar las verdades y los principios, aplicándolos de nuevas formas en nuestra vida.

En el Antiguo Testamento el profeta era una persona llamada a dar la Palabra de Dios al pueblo. No era un adivino ni agorero. No adelantaba los titulares de las noticias, misteriosamente, antes de que sucedieran los hechos. El profeta era un proclamador. Llevaba palabras de tranquilidad y promesa, así como confrontación y advertencia. Mucha gente recibe la denominación de "profeta": Abraham, Moisés, Elías, Eliseo, etc., cuya actividad profética (es decir, ser los representantes de Dios ante el pueblo) está imbuida en las narrativas históricas.

Hay dieciséis libros del Antiguo Testamento que denominamos como "los profetas". Cuatro "profetas mayores": Isaías, Jeremías, Ezequiel, Daniel; y los llamados "profetas menores": desde Amós hasta Malaquías ("mayor" y "menor" solo se refieren a la extensión del texto, no a su importancia). Todos estos libros se escribieron dentro de un período corto de tiempo de trescientos años, desde 760 hasta 460 a. C. Esto nos ayuda a entender su propósito. Todos los libros proféticos del Antiguo Testamento eran Palabra de Dios para el pueblo del pacto, advirtiéndole e impulsándolo durante períodos de gran peligro espiritual y nacional.

La verdad sincera de la Biblia es que los seres humanos (incluso aquellos bendecidos por ser el pueblo del pacto de Dios) caen continuamente en el pecado. Es aleccionador leer las páginas del Antiguo Testamento y encontrar ciclos continuos de obediencia y desobediencia. De modo que Dios hablaba a través de los profetas. Estos confrontaban, advertían y tranquilizaban. Ofrecían predicciones, por lo general mayormente mostrando la causa y el efecto de la desobediencia y la infidelidad. Cada oráculo de cada profeta significa algo específico. El problema es que la mayoría de nosotros no cuenta con una enciclopedia acerca del conocimiento de Tiro y Sidón, de Persia, de Darío, de los nazareos, de Ecrón y de Mésec y Tubal.

Algunos pasajes en los profetas señalan claramente a eventos que se cumplirán siglos después, como las predicciones sobre la llegada del Mesías. Por ejemplo, hay consenso en cuanto a afirmar que Isaías 53 señala a Jesús: "Despreciado y rechazado por los hombres, varón de dolores, hecho para el sufrimiento" (Is. 53.3).

Podemos afirmar, entonces, que hay algunos pasajes que parecen cumplirse en la época del profeta, pero también se extienden hacia la era mesiánica o el fin de los tiempos. Es posible que una profecía tenga múltiples cumplimientos, aunque debemos cerciorarnos de que esto aparezca claramente especificado en el pasaje.

A continuación compartimos algunas recomendaciones para tener en cuenta al leer los libros proféticos:

1. Lee estos libros de forma natural y en amplios segmentos, no versículo por versículo. Presta atención al movimiento espiritual dentro de los oráculos proféticos en lugar de empantanarte con los detalles. Capta el panorama general del mensaje y la dinámica espiritual de los oráculos. Por ejemplo, la situación de Dios (decepcionado, indignado, triste, tierno, cuidador, etc.), la condición del pueblo a quien se dirigen las palabras (atemorizado, desobediente, humillado, arrogante, etc.), las predicciones sobre lo que ocurrirá (cautividad, liberación, hambruna, restauración, etc.). Lo mejor que adquirimos de los libros proféticos no son los eventos ni las líneas de tiempo sino las grandes realidades de la vida, incluyendo perspectivas sobre la desobediencia y el pecado, el juicio y la misericordia de Dios.

2. *Utiliza ayudas bíblicas.* Al leer los libros proféticos, nos beneficiaremos grandemente al contar con la ayuda de buenos comentarios y diccionarios bíblicos. Busca comentarios donde se respete y explique el contexto y el significado original de los libros proféticos. Desafortunadamente hay muchos comentaristas, predicadores y maestros que suponen que la profecía consiste mayormente acerca de eventos que todavía deben desarrollarse en nuestro tiempo. Esto no es más que interpretación al estilo "bola de cristal". Es arbitraria, engañosa y no respeta el llamado de los profetas. Pasa por alto el significado llano del texto bíblico, que debe ser nuestra prioridad central.

3. *Sigue adelante y aplica las lecciones espirituales de los profetas a tu vida actual.* Estos dieciséis libros del Antiguo Testamento son Palabra de Dios para nosotros siempre y cuando permitamos que las distintas condiciones del antiguo pacto y lo que aún permanece: el nuevo pacto.

4. *Permite que tu vida se enriquezca con la palabra de los profetas.* No te desalientes por su complejidad o sus mensajes por momentos extremos. Solo porque Dios ama a la humanidad es que habló a través de los profetas, incluyendo sus verdades más duras de escuchar y asimilar.

Capítulo 11

¿CÓMO DEBERÍAMOS LEER LOS SALMOS?

La Biblia no es meramente un libro. Es una relación mediante palabras. La Palabra de Dios a los hombres y las mujeres, a los niños y las niñas. Una acción vívida entre el Creador todopoderoso del universo y su creación más querida: la humanidad. No comprenderemos la Escritura a menos que la escuchemos dentro del contexto del diálogo divino-humano.

Los Salmos confirman esta realidad. En los amados ciento cincuenta capítulos (canciones y poemas) que se encuentran justo a la mitad de la Biblia, no solo evidenciamos lo que Dios nos dice sino también el privilegio que tenemos de hablarle a él. Esta es la esencia de la relación: dos partes que interactúan entre sí. ¡Y qué interacción! Los Salmos expresan el abanico completo de estados en que puede hallarse el corazón humano:

Gratitud y alabanza... "Den gracias al Señor, porque él es bueno; su gran amor perdura para siempre" (Sal. 107.1)

Lamento... "Dios mío, Dios mío, ¿por qué me has abandonado? Lejos estás para salvarme, lejos de mis palabras de lamento" (Sal. 22.1).

Celebración... "Hacia ti dirijo la mirada, hacia ti, cuyo trono está en el cielo" (Sal. 123.1).

Sabiduría... "Si el Señor no edifica la casa, en vano se esfuerzan los albañiles. Si el Señor no cuida la ciudad, en vano hacen guardia los vigilantes" (Sal. 127.1).

Castigo... "Descarga tu furia sobre ellos; que tu ardiente ira los alcance. Quédense desiertos sus campamentos, y deshabitadas sus tiendas de campaña" (Sal. 69.24-25).

En el libro de los Salmos encontramos expresiones sinceras, por momentos brutales, del corazón humano. La Biblia no sería valiosa si solamente fuera una sarta de lugares comunes y sentimentales con propaganda religiosa. ¡Pero no es así! Las canciones y los poemas que están en los Salmos expresan gozo sublime y dolor profundo. Sus autores ruegan a Dios, le gritan, le suplican por perdón. Exaltan las virtudes y la justicia y condenan con los términos más amargos los horrendos abusos que la gente a veces comete. Los Salmos enseñan acerca de los atributos de Dios ("El Señor es mi pastor", 23.1) y la historia de Dios ("[él] hundió en el Mar Rojo al faraón y a su ejército", 136.15). Hablan del gran potencial de la humanidad ("Pues lo hiciste poco menos que un dios, y lo coronaste de gloria y de honra", 8.5) y la oscuridad de la depravación humana ("quedarán en vergüenza los que traicionan sin razón", 25.3).

Entonces ¿cómo debemos leer este "tesoro" (como denominaba Carlos Spurgeon a los Salmos)? Primero, algo de información. Los Salmos eran canciones escritas que los israelitas utilizaban en su vida devocional, tanto personal como comunitaria. Los títulos de los Salmos indican que casi la mitad de ellos eran "de David" y algunos otros se identifican como escritos por varios compositores ("hijos de Asaf", "hijos de Coré", Salomón, Moisés). Los Salmos se reunieron en una colección después del retorno de los judíos del exilio.

Las distintas citas de los Salmos que aparecen en el Nuevo Testamento revelan que estas canciones estaban profundamente afincadas en la mente y el corazón de los judíos. La mayoría de la gente de nuestro tiempo ama los Salmos y, sea que nos demos cuenta o no, la poesía tiene mucho que ver con ello. Después de todo, uno podría afirmar la siguiente proposición: "Dios es atemporal, pero la gente va y viene". O uno podría "pintar" con palabras, lo que hace exactamente el Salmo 90:

Mil años, para ti, son como el día de ayer,
   que ya pasó;
   son como unas cuantas horas de la noche.
Arrasas a los mortales. Son como un sueño.
Nacen por la mañana,
   como la hierba que al amanecer brota lozana
   y por la noche ya está marchita y seca (vv. 4-6).

Los Salmos son la parte más sensorial de la Palabra de Dios, incluyendo esta deliciosa invitación:

Prueben y vean que el Señor es bueno;
dichosos los que en él se refugian (Sal. 34.8).

De modo que nos preguntamos: ¿cómo deberíamos leer los Salmos con entendimiento? Por un lado, debemos leer lenta y deliberadamente a fin de captar las imágenes, el sonido, el gusto, el toque y el aroma en el que se presenta la verdad de Dios. Intenta leer un salmo al día en voz alta, a la manera de la gente del mundo antiguo. Durante milenios las personas han meditado en los Salmos, atesorándolos en su mente para recordarlos con frecuencia durante las épocas críticas de la vida.

También debemos orar los Salmos. Permite que la voz del salmo que estés leyendo sea tu voz, incluso si la circunstancia de tu vida no fuere igual a lo que ocurre en el salmo particular que leas. Ponte en los zapatos del escritor y comprenderás las realidades de ese salmo. Por ejemplo, siente el patetismo en el Salmo 137, compuesto en el exilio:

Junto a los ríos de Babilonia nos sentábamos,
y llorábamos al acordarnos de Sión.
En los álamos que había en la ciudad
colgábamos nuestras arpas.
Allí, los que nos tenían cautivos
nos pedían que entonáramos canciones (vv. 1-3a).

Dichas palabras deberían dejarnos con un nudo en la garganta.

No leas ni observes los Salmos hacia abajo, con una lupa. Al contrario, ora con sus palabras de forma abierta, con un megáfono. La palabra *corazón* aparece 131 veces en este libro de la Biblia, lo que parece muy adecuado ya que en los Salmos tenemos el corazón de la humanidad extendiéndose hacia el corazón de Dios.

¡Qué privilegio tener esta vía de contacto con Dios!

Capítulo 12

¿QUÉ DEBERÍAMOS EXTRAER DE LOS LIBROS SAPIENCIALES (PROVERBIOS, ECLESIASTÉS Y JOB)?

Si descubrieras un largo manuscrito perdido durante muchísimos años, un texto que ningún ojo humano ha visto por generaciones, y si fueras a leer sus primeras palabras que ofrecen una "sabiduría" como la que se describe en las oraciones que figuran a continuación, probablemente lo considerarías uno de los mayores descubrimientos de tu vida:

> Proverbios [...] para adquirir sabiduría y disciplina;
>   para discernir palabras de inteligencia;
> para recibir la corrección que dan la prudencia,
>   la rectitud, la justicia y la equidad;
> para infundir sagacidad en los inexpertos,
>   conocimiento y discreción en los jóvenes.
> Escuche esto el sabio, y aumente su saber;

reciba dirección el entendido (Prov. 1.1-5).

Estas son las palabras de apertura del libro de Proverbios, uno de los tres libros en el Antiguo Testamento (Proverbios, Job y Eclesiastés) denominados como "literatura sapiencial" (aunque otros libros también contengan secciones de una clase similar). De modo que además de la narrativa histórica, la ley, la profecía y la poesía, la Biblia también tiene este conjunto de libros vívidos, profundos e intensos denominados como "sapienciales". Son libros acerca de la vida real.

Proverbios es un libro de sabiduría práctica. Job es una historia épica que explora los profundos temas del sufrimiento, el sentido de la vida y Dios. Eclesiastés ofrece una perspectiva aguda de las duras realidades de la vida. De nuevo, vemos la sinceridad y la honestidad supremas de la Escritura. Vemos el estado desordenado del mundo y la naturaleza humana, y encontramos directrices en la búsqueda del orden de Dios.

Cualquier creyente haría bien en leer el libro de Proverbios una vez al año, si no con mayor frecuencia. Estos proverbios hebreos (*meshalim*) son declaraciones concisas y breves de verdad y orientación práctica. Tratan temas de la vida como la actitud y lo que uno dice, la sexualidad, la pobreza y la prosperidad, el matrimonio y asuntos de familia, y mucho más. Las declaraciones son cortas, vívidas y memorables. Debido a dicho estilo se incluyen figuras del discurso, por lo que siempre debemos entender el punto principal de la declaración.

Por ejemplo: "Honra al Señor con tus riquezas y con los primeros frutos de tus cosechas. Así tus graneros se llenarán a reventar y tus bodegas rebosarán de vino nuevo" (3.9-10). No tienes que ser un granjero que posea graneros y viñas para entender el punto principal: honra a Dios con todo lo que tengas, haciendo que el dar sea una de las prioridades principales, y te irá bien en la vida.

Cuando lees los Proverbios, ten siempre en cuenta que *son declaraciones generales de lo que generalmente es cierto*. El escritor no afirma que se traten de promesas de Dios ni da ninguna garantía de lo que *siempre* ocurrirá. Los lectores originales no daban por sentado que si honrabas a Dios al dar los primeros frutos de tus cosechas los graneros se llenarían y desbordarían por siempre jamás. Ocurren sequías. Los graneros se incendian. Los ladrones acechan. La vida sucede. Pero el principio es *generalmente* cierto.

Muchos padres han confiado en Proverbios 22.6, que dice: "Instruye al niño en el camino que debe andar, y aun cuando sea viejo no se apartará de él" (NBLH). Por lo tanto, algunos se han desconcertado cuando sus hijos mayores se "apartan" de vidas saludables y virtuosas. Puede que piensen: *"Seguramente no hicimos bien nuestra parte de instruir en el camino correcto"*. Pero el proverbio no es una garantía. Es una guía cierta, útil y clara. Los padres deben asumir seriamente el desarrollo moral de sus hijos; y en la mayoría de los casos esas semillas darán su fruto. Pero no siempre.

El libro de Proverbios es bueno como el oro. Es una guía divinamente inspirada para vivir correctamente. Nos confronta con la pereza, la ira, el robo, la lascivia y los chismes. Nos guía hacia la prosperidad mediante la prudencia y el contentamiento a través de la sencillez.

Es importante *leer el libro de Proverbios en secciones en vez de hacerlo un versículo a la vez*. Seleccionar un solo versículo fuera de contexto conducirá a una mala comprensión y evitará que veamos el cuadro completo. Debemos contemplar la pintura no los trazos del pincel. Al igual que con los Salmos, permite que el poder de las imágenes e ilustraciones den en el blanco. Y cuando encuentres una declaración específica que pudiera servir como un versículo "hito" para ti, adelante: memorízala (siempre y cuando la comprendas en su contexto). "Confía en el Señor de todo corazón, y no en tu propia inteligencia. Reconócelo en todos tus caminos, y él allanará tus sendas" (3.5-6).

Finalmente una palabra acerca de los otros dos libros del Antiguo Testamento que son únicos y especiales. El libro de Job contiene sabiduría pero imbuida en ella se encuentra la conmovedora historia de un hombre que atraviesa un sufrimiento increíble. Los personajes principales del drama dicen muchas cosas que no son para nada ciertas; por ejemplo, que todo el sufrimiento es un resultado directo de pecados y fallas específicos. Pero al final, Job halla solaz en Dios mismo y no en las respuestas filosóficas.

Para algunas personas, el libro de Eclesiastés se lee como una declaración de desesperanza. Pero al contrario: es una descripción brutalmente honesta del lado oscuro de la vida, que debería impulsarnos a la misericordia de Dios.

Capítulo 13

¿QUÉ ES LO IMPORTANTE ACERCA DE LA ÉPOCA DE LOS REYES?

Recuerdo cuando leí por primera vez los libros del Antiguo Testamento que narran las historias de los reyes de Israel y Judá. Los reinados de David y Salomón son épicos. Pero luego comienza una larga (y en ocasiones sórdida) historia de aproximadamente cuarenta reyes sucesivos, quienes en su mayoría eran "malvados". Recuerdo pensar lo siguiente: *¡Es una lectura poco alentadora!* Aun así dentro de dichas historias se encuentra soterrada la historia de Dios y debemos comprenderla.

A mitad de la historia del Antiguo Testamento aparece una época de alrededor de seiscientos años en la que escuchamos sobre de la accidentada historia de los reyes de Judá e Israel, los puntos altos y bajos del pueblo de Dios, y muchas lecciones acerca de la integridad y la fidelidad, el pecado y la destrucción.

Es la era de los reyes, una narrativa compleja que es una parte importante de la Palabra de Dios porque describe el sendero torcido que en su momento condujo a la venida del Mesías.

La época de los reyes comenzó con el pueblo diciendo que no era suficiente que Dios fuera su rey: querían que un hombre los gobernara, tal como ocurría con las demás naciones. Y de hecho se convirtieron como las demás naciones, pero no para bien.

La era de los reyes se extiende desde el reinado de Saúl, unos mil años antes de Cristo, hasta la destrucción de Judá y el exilio del último rey en 586 a. C.

Antes de que hubiera un rey, las tribus israelitas vivían en asentamientos pequeños y dispersos bajo el liderazgo de jueces como Gedeón, Débora y Jefté, quienes daban cierto grado de dirección. Luego, el período de seiscientos años bajo el gobierno de los reyes (tal como se narra en los libros de 1 y 2 Samuel, 1 y 2 Reyes, y 1 y 2 Crónicas) se divide en dos partes. Los primeros tres reyes (Saúl, David y Salomón) abarcaron más de cien años en lo que a veces se denomina como la "época dorada" o "la monarquía unida". Luego de Salomón ocurrió una guerra civil y las doce tribus de Israel se dividieron entre el reino del norte, llamado "Israel", el cual incluyó a diez de las tribus, y el reino del sur, conformado por las dos tribus restantes, denominado como "Judá".

Luego de la desalentadora narración acerca del reinado de Saúl aparecen los registros mayormente optimistas de la era dorada bajo David y su hijo Salomón. Allí se presenta al pueblo de Dios como un imperio en rápida expansión que en su momento disfrutó de un período de paz y estabilidad. David estableció a Jerusalén como la capital y el punto central de la vida espiritual de la nación. Salomón prosiguió y amplió aquello con la construcción del templo.

Pero la fidelidad a Dios era frágil. Luego del reinado de Salomón, una guerra civil dividió al reino en dos y durante cientos de años el fruto amargo de la infidelidad modeló la vida en Israel y Judá. Tal como leemos en los libros de 1 y 2 de Reyes y en 2 Crónicas, el pueblo quedó atascado en patrones casi monótonos: malos reyes, buenos reyes que se vuelven malos, algunos buenos reyes que conservan su integridad e incluso introducen reforma y avivamiento en el pueblo.

También aprendemos acerca de las dinámicas espirituales detrás de estos movimientos. Aquellos reyes que "hicieron lo que ofende al Señor" y trajeron aparejadas malas épocas eran culpables de adorar dioses extranjeros, realizar sacrificios fuera de las reglas estipuladas en la ley y en ocasiones rebajarse al nivel de las religiones extranjeras, incluyendo los sacrificios humanos. Generaciones enteras vivieron en completa violación de los diez mandamientos. Olvidaron su herencia y su Dios y ni siquiera sabían que existiera una Escritura que los había definido como pueblo.

De modo que las historias de avivamiento y reforma bajo reyes como Ezequías y Josías son como rayos de sol que se vislumbran a través de un cielo nublado. Josías derribó los sitios de adoración idólatra y eliminó los santuarios y sacerdotes, médiums y espiritistas. Eliminó las estatuas paganas que los reyes anteriores habían colocado a la entrada del templo, de todos los lugares. Y reinstauró la celebración de la Pascua para todo el pueblo de Judá, lo cual había sido descuidado durante siglos.

He aquí un resumen de esto:

Ni antes ni después de Josías hubo otro rey que, como él, se volviera al Señor de todo corazón, con toda el alma y con todas sus fuerzas, siguiendo en todo la ley de Moisés. (2 Reyes 23.25)

Y en esta narración tenemos más de una prueba del poder de la Palabra de Dios en la Sagrada Escritura: el avivamiento de Josías comenzó luego de que sus funcionarios descubrieran el libro de la ley (perdido y olvidado durante largo tiempo) mientras ejecutaban las órdenes de Josías de reparar el templo del Señor. Este fue el punto de retorno. Cuando Josías oyó las palabras que le leyeron, de pronto todo tuvo sentido. Generaciones de corrupción. Confusión espiritual. Desorientación. Josías rasgó sus vestiduras en arrepentimiento. Este es un ejemplo más del poder de la palabra escrita para liberar a la gente de una parálisis espiritual de larga data. Es una lección para nosotros.

Entonces ¿cómo deberíamos entender la época de los reyes? Debemos leer estos libros como historia pero no simplemente historia política. Estas narraciones nos muestran los puntos altos y bajos de los movimientos espirituales. La mayoría de los profetas se ubica dentro de esta historia interpretando cómo se hundió el pueblo de Dios pero también indicando dónde se hallaba la restauración.

No debemos tomar artificialmente fuera de contexto estos versículos ni apropiarnos de ellos como si fueran para nosotros. Son las historias de gente real en un lugar real. La historia ofrece lecciones. La historia nos dice qué ocurrió en el pasado de modo que podamos comprender lo que sucede en nuestro mundo, porque la naturaleza humana es la misma.

Capítulo 14

¿QUÉ APRENDEMOS DEL EXILIO Y DEL RETORNO?

La gran narrativa de la Escritura habla a las necesidades más urgentes que todos tenemos, incluyendo las necesidades de estar conectados y cimentados, tener protección y pertenecer, saber quiénes somos y dónde nos ubicamos. La Biblia contiene las historias del pueblo de Dios cuando perdieron todo eso. El pueblo sufrió el desarraigo de su tierra. Fue arrancado como nación y destrozado a través de pérdidas humillantes. Este es el sentido del exilio en las últimas secciones del Antiguo Testamento, en el cual Israel en el norte es destruido por el imperio Asirio y Judá en el sur es llevado al exilio por los babilonios.

Es una parte desgarradora y conmovedora de la narrativa del antiguo pacto. Por lo que vimos anteriormente recordarás que la tierra que ocupaban los dos reinos (Israel y Judá) se localizaba precariamente entre los diversos imperios de

Mesopotamia al noreste (Asiria, Babilonia y Persia) y Egipto al sudoeste. Los despiadados asirios entablaron la guerra con Israel en el norte, venciendo a las tribus en el año 722 a. C. Las advertencias proféticas acerca de los ataques asirios habían sonado con claridad y firmeza por parte de los profetas Amós, Oseas, Joel, Isaías y otros. Los asirios reasignaron las tierras capturadas a otros grupos de gente, resultando en una población mixta. De aquí es donde surgen los samaritanos que se mencionan en el Nuevo Testamento.

El imperio babilónico bajo el gobierno de Nabucodonosor asaltó a Judá en el sur. Aquí es donde ocurrió lo impensable. Jerusalén, la Ciudad de David, Sión, el lugar del templo, estuvo bajo sitio en el año 597 a. C. Los muros fueron vulnerados y el ejército babilónico capturó a todos los miembros educados y talentosos de la comunidad, llevándolos al exilio a Babilonia, ubicada a cientos de kilómetros de Jerusalén. El profeta Ezequiel estaba dentro de dicho grupo.

Pero aunque el pueblo de Dios sufrió el desarraigo de su tierra, sus casas y su templo, Dios seguía presente junto a ellos: "...mientras me encontraba entre los deportados a orillas del río Quebar, los cielos se abrieron y recibí visiones de Dios" (Ez. 1.1). ¡Y qué visiones eran! Cuatro fantásticas criaturas vivientes, ruedas parecidas a las de los carros llenas de ojos mirando hacia el cielo, un valle de huesos secos, y muchas más. Los profetas Jeremías, Habacuc y Ezequiel también hablaron acerca del exilio inminente.

Recuerdo cuando leí por primera vez estas secciones del Antiguo Testamento. Pensaba que no tenía ninguna pista sobre cómo entenderlas. Había gente, lugares e imágenes que me resultaban familiares, pero la gran pregunta era cómo unir todas las partes. También recuerdo desanimarme ante maestros, autores y predicadores que parecían conectar los detalles de los oráculos de los profetas con eventos en mi propia época y de una forma arbitraria. Parecían leer el libro de Ezequiel como si se hubiera escrito para nosotros, y sus interpretaciones parecían estrechas, por decir lo menos.

Recuerda que el significado del texto de la Escritura para nosotros está cimentado en lo que significó para su audiencia original. Por lo que las predicciones proféticas de guerra, exilio y retorno son principalmente la historia real del pueblo de Dios seis y siete siglos antes de Jesús. Es una historia conmovedora, llena de conceptos acerca de la naturaleza humana y la naturaleza de este mundo, los cuales debemos aplicar totalmente a nuestra vida. Pero debemos emplear todos los medios disponibles para entender lo que estos oráculos significaban en aquel entonces. Aquí es donde los excelentes comentarios, diccionarios y enciclopedias bíblicos son indispensables. Debemos leer estos últimos textos del Antiguo Testamento de una manera ordenada y sin filtros, permitiendo que las imágenes y los pronunciamientos nos impacten. Pero entonces tenemos que valernos de las mejores herramientas para entender los detalles.

El exilio es tragedia pero se equipara con la historia esperanzadora del retorno del pueblo de Dios a la tierra, descrito en Esdras y Nehemías y en los últimos tres libros del Antiguo Testamento, los profetas Hageo, Zacarías y Malaquías. Incluso antes de que ocurriera la destrucción de Israel y el exilio de Judá, los profetas hablaron de una restauración oportuna.

De hecho, alrededor de setenta años después de que Jerusalén quedara desolada y se destruyera el templo, el líder de un nuevo imperio dominante, Ciro de Persia, decretó que los judíos tenían permiso para regresar a su tierra y comenzaran así un proceso de reconstrucción. El libro de Nehemías documenta la reconstrucción de la ciudad; el libro de Esdras, la reconstrucción de la vida espiritual del pueblo. Esto es diferente a la mayor parte de la historia. En el relato del regreso de los judíos vemos la importancia central de la adoración a medida que el pueblo comienza a realizar nuevamente sacrificios en el sitio donde estaba el antiguo templo, la importancia de la Palabra de Dios a medida que Esdras lee el libro de la ley ante la escucha atenta del pueblo y la importancia del liderazgo moral.

En el regreso o retorno también vemos el inmutable pacto de Dios, el tema central del Antiguo Testamento. Mediante Esdras y otros, la gente redescubrió el libro de Dios y a través de este recordó al Dios de la creación, el pacto con Abram, la liberación en el éxodo, la tierra prometida. Y todo esto a pesar de la desobediencia y la infidelidad del pueblo. Así era Dios entonces, así es Dios hoy.

Parte III

ENTENDER EL
NUEVO TESTAMENTO

Capítulo 15

¿QUÉ DEBERÍAMOS ENTENDER DEL MUNDO DEL NUEVO TESTAMENTO?

Cuando cambiamos de página, de Malaquías a Mateo, del Antiguo Testamento al Nuevo Testamento, desde Esdras el escriba y Hago el profeta a Juan el Bautista y Jesús de Nazaret, ingresamos a un mundo completamente distinto. Y por lo tanto debemos entender de qué se trata. La brecha entre los testamentos, conocida como el período intertestamentario, es de cuatrocientos años, pero lo que ocurrió durante esos siglos fijó el escenario sobre el que ocurriría todo lo relacionado a la vida de Jesús y la misión expansiva de sus seguidores.

Gálatas 4.4-5 dice: "Pero cuando se cumplió el plazo, Dios envió a su Hijo, nacido de una mujer, nacido bajo la ley, para rescatar a los que estaban bajo la ley, a fin de que fuéramos adoptados como hijos". Otras traducciones utilizan la frase "la plenitud del tiempo". Se nos dice que la vida de Jesús, la venida del Mesías, ocurrió justo cuando Dios se lo propuso. Y vaya qué tiempo especial era.

Lee algunos capítulos de uno de los Evangelios y encontrarás romanos y herodianos, judíos y gentiles, fariseos y saduceos, maestros de la ley y personas comunes y corrientes, y muchos otros. Debemos comprender quiénes eran estas personas a fin de entender el rol que jugaron en el gran drama que es el Nuevo Testamento. Recurrir a un buen diccionario bíblico de un tomo es una forma excelente de buscar rápidamente un nombre, un grupo, un movimiento, un lugar o cualquier otra cosa más. Leer un artículo sobre "los fariseos" te ayudará grandemente a comprender los Evangelios.

El mundo del Nuevo Testamento incluye la tierra de Israel, por supuesto, pero el libro de Hechos y las cartas de Pablo nos llevan al amplio mundo grecorromano circundante al mar Mediterráneo. La vida y el ministerio de Jesús se llevaron a cabo en el estrecho territorio geográfico que va desde las colinas de Judea hacia las llanuras fértiles y las aldeas de Galilea contiguas al lago. Al estar en Jerusalén, Jesús sostuvo tensos encuentros con funcionarios religiosos judíos y autoridades romanas. Cuando estuvo en Galilea, cerca de su pueblo natal, sus interacciones fueron con personas comunes y corrientes. El apóstol Pablo, por otra parte, viajó en barco, en caravana y a pie hacia Siria, Asia Menor, Creta, Grecia e Italia. La historia épica de su vida incluyó cadenas, prisión y juicios frente a magistrados que se convirtieron en sermones.

El mundo del Nuevo Testamento era un choque y una mezcla de las culturas judía, griega y romana.

Los exiliados que regresaron de la cautividad en Babilonia en los días de Esdras y Nehemías reconstruyeron gradualmente Judea, una pequeñísima entidad de lo que Israel fue en su cénit.

En el año 330 a. C., doscientos años después del retorno, Alejandro Magno arrasó Judea con su formidable ejército y comenzó una larga y decisiva dominación de los judíos. La cultura griega (o helenista) era difícil de resistir. El idioma griego era dominante y esta es la razón por la que los libros del Nuevo Testamento se escribieron originalmente en griego. Más de dos siglos antes del nacimiento de Jesús, el Antiguo Testamento se tradujo al griego (la Septuaginta). Este "Antiguo Testamento griego" es el que usó la mayoría de los autores del Nuevo Testamento y las generaciones posteriores de cristianos que no sabían nada de hebreo.

Los sucesores de Alejandro dividieron su imperio y las divisiones (conocidas como "seléucidas") fueron el siguiente poder que dominó Judea. Uno de sus reyes, Antíoco Epífanes (que reinó del 175 al 164 a. C.) decidió profanar el templo de los judíos y establecer allí una religión idólatra. Este atropello condujo oportunamente a una revuelta judía heroica bajo los macabeos y a una eventual independencia judía que duró alrededor de cien años, comenzando en 166 a. C.

Luego llegaron los romanos. El general Pompeyo conquistó Jerusalén en 63 a. C. y en 37 a. C. Herodes el Grande fue designado como rey de los judíos por el senado romano. Pero los romanos dominaban Judea, ocupándola con su ejército y cobrando impuestos a todos los que pudieran. En las narraciones de los Evangelios, los detractores de Jesús intentaban con frecuencia que hiciera comentarios políticamente riesgosos, como cuando le preguntaron si era justo pagar impuestos al César. La mayoría de las personas que anhelaba la llegada del Mesías aguardaba un líder fuerte que repeliera a los romanos de Judea.

En el mundo del Nuevo Testamento, particularmente los Evangelios, vemos dos sectas u órdenes religiosas importantes: los fariseos y los saduceos. Se trataba de movimientos sociales que se remontaban a los días de la independencia judía un siglo y medio antes de Jesús. Su propósito original era noble: preservar la identidad judía, incluyendo su integridad espiritual, mediante la obediencia fiel a la ley y los rituales. Para el tiempo de Jesús, sin embargo, muchos de los fariseos se habían deformado por las enfermedades de la justicia propia, el legalismo y la ceguera espiritual.

"Pero cuando se cumplió el plazo, Dios envió a su Hijo" (Gá. 4.4a). El mundo del Nuevo Testamento es una masa variada y confusa de religiones, filosofías, partidos políticos, grupos religiosos y grupos étnicos. Había muchos dioses en el mundo grecorromano; pero, como siempre, el pueblo aguardaba por una verdad que se levantara por encima de todo aquello, justamente lo que encontraron en el evangelio de Jesús.

Capítulo 16

¿QUÉ SON LOS EVANGELIOS?

Los creyentes no se sientan pasivamente mientras aguardan escuchar la voz de Dios. ¡Anhelan oírla! Creen que Dios no abandonó a la humanidad en el silencio sino que habló fuerte y claro a través de "la Palabra" que es la Sagrada Escritura y "la Palabra" que es Jesús el Cristo. Las primeras palabras del libro de Hebreos confirman que esto es verdad:

> Dios, que muchas veces y de varias maneras habló a nuestros antepasados en otras épocas por medio de los profetas, en estos días finales nos ha hablado por medio de su Hijo. A éste lo designó heredero de todo, y por medio de él hizo el universo. El Hijo es el resplandor de la gloria de Dios, la fiel imagen de lo que él es, y el que sostiene todas las cosas con su palabra poderosa. Después de llevar a cabo la purificación de los pecados, se sentó a la derecha de la Majestad en las alturas (Heb. 1.1-3).

Este es el cuadro general. Dios no abandonó a la humanidad en un silencio desesperante. Habló a través de hombres denominados profetas y luego decisivamente habló a la humanidad mediante su Hijo, Jesús el Mesías. Jesús no es solo la Palabra de Dios sino también la encarnación de la gloria y el mismo ser de Dios. Jesús el Cristo es el tema central de toda la Escritura porque su vida, muerte y resurrección proveyeron un camino de redención.

Jesús ocupa la escena principal en los cuatro documentos bíblicos llamados "Evangelios". Nada podría ser más importante cuando leemos la Escritura que comprender el significado y el mensaje de Mateo, Marcos, Lucas y Juan. Sería fácil pensar que estos libros son narraciones históricas porque cuentan los eventos de la vida de Jesús. Pero son mucho más que eso. Los Evangelios también son más que biografía, la narración de la historia de una persona. Son una clase singular de literatura porque su objetivo es proclamar la verdad de que el Hijo de Dios apareció en Judea y Galilea, se autenticó mediante grandes milagros, lo mataron, y se levantó de la muerte en victoria definitiva sobre el pecado, Satanás y la muerte.

Los Evangelios son proclamación. Sus autores son evangelistas. De modo que no leas estos libros como si se tratara de la narración de hechos históricos modernos. Sus autores eran verdaderos creyentes, no solo historiadores. Dado el énfasis que sus escritos ponen en cuanto a la verdad, pueden tomarse como testigos sinceros y fieles.

La primera vez que leí el Nuevo Testamento recuerdo quedar de algún modo desconcertado por la existencia de cuatro Evangelios. La respuesta simple es que cuatro personas diferentes tenían sus propios motivos para escribir la verdadera historia de Jesús. El Evangelio de Marcos se escribió primero y gran parte de su contenido aparece en Mateo y Lucas. Mateo cuenta más acerca de la historia y tiene un interés especial en explicar la historia de Jesús a los judíos del primer siglo. Lucas, por otro lado, intenta ayudar a una audiencia gentil (no judía) y dice justo al comienzo de su libro que quiere ofrecer un relato escrito "ordenadamente" con el fin de reforzar la certeza en la fe.

El Evangelio de Juan incluye muchas acciones no reportadas en los demás Evangelios. También contiene más de la enseñanza de Jesús, gran parte de ella a través de discursos extensos. El prólogo que abre el Evangelio nos da una perspectiva cósmica:

En el principio ya existía el Verbo, y el Verbo estaba con Dios, y el Verbo era Dios. Él estaba con Dios en el principio. Por medio de él todas las cosas fueron creadas; sin él, nada de lo creado llegó a existir. En él estaba la vida, y la vida era la luz de la humanidad (Jn. 1.1-4).

León Morris, experto en el Nuevo Testamento, señaló que el Evangelio de Juan es lo suficientemente poco profundo como para que un niño vadee y aun así lo suficientemente profundo como para que un elefante nade. Todos los Evangelios, no solo el de Juan, requieren reflexión y estudio profundos durante toda la vida a fin de apreciar su significado. Ten cuidado si piensas que comprendes "Yo soy el camino, la verdad y la vida" (Jn. 14.6) o "el que no toma su cruz y me sigue no es digno de mí" (Mt. 10.38) o "venga tu reino, hágase tu voluntad" (Mt. 6.10). Puede que comprendamos en un nivel, pero el impacto de los dichos de Jesús en nuestra vida siempre será mayor cuanto más los estudiemos.

Una palabra más: es muy fácil leer las palabras de Jesús como si nos hablara en forma directa, pero hay cierto riesgo en cuanto a hacerlo de ese modo. Su enseñanza ciertamente es para nosotros y su significado transformará nuestra vida. Pero aun así debemos entender su enseñanza en el contexto original, como el Mesías judío que habla a una audiencia diversa: discípulos, seguidores, curiosos y enemigos.

Capítulo 17

¿CÓMO DEBERÍAMOS ENTENDER LAS ENSEÑANZAS DE JESÚS?

Si alguien te preguntara quién fue tu maestro favorito durante la niñez, es muy probable que alguien específico vendrá a tu memoria. Y es muy posible que sigas respetando a dicha persona aun hoy no solo porque fuera una oradora fantástica, o tuviera un conocimiento superior de la materia que enseñaba, o contara con una voz memorable. Nuestros maestros favoritos (aquellos que influyeron no solo en nuestro pensamiento sino principalmente en nuestra vida) por lo general son aquellas personas que nos enseñaron acerca de la vida. Y no se trató simplemente de sus palabras. Su propia vida era distintiva.

Jesús, por supuesto, es ampliamente considerado el maestro más grande de todos los tiempos. Pero solo podremos entenderlo en dicha capacidad si consideramos el entorno y el contexto. Jesús no era un profesor universitario ni un filósofo místico. Quienes se expusieron a las enseñanzas de Jesús lo seguían a pie, de una aldea a otra. Escuchaban una parábola cuando caminaba hacia un campo de granos, un discurso acerca de ser el pan enviado del cielo luego de alimentar a una multitud, y un análisis con sus discípulos luego de encendidas discusiones con los fariseos y los maestros de la ley. En un festival judío donde se usaba agua, se puso de pie y dijo a viva voz: "¡Si alguno tiene sed, que venga a mí y beba!" (Jn. 7.37). La enseñanza de Jesús era dinámica e interactiva. Habló de las cuestiones prácticas del día a día y también de los asuntos cósmicos y eternos.

No es de asombrarse que la gente estuviera maravillada.

Apreciaremos mejor los Evangelios si comprendemos las formas de la pedagogía de Jesús y los temas principales de su enseñanza. Una forma era la exageración o la hipérbole. Pocos creyentes se han quitado sus ojos o cortado sus manos por lo que Jesús dijo en Mateo 5.29-30, de que sería mejor hacer eso en vez de terminar en la condenación eterna. Entendemos el punto de Jesús expresado a través de una declaración de impacto.

Cuando Jesús dijo que es más fácil que un camello pase por el ojo de una aguja que una persona rica entre al reino de Dios, su punto era que es extremadamente difícil para una persona autosuficiente admitir su insuficiencia. Existe una interpretación repetida con demasiada frecuencia de que en Jerusalén había un pequeño portal en el muro que requería que un camello avanzara de rodillas para ingresar. El problema es que no hay evidencia arqueológica ni epigráfica de que dicho portal existiera. Desafortunadamente hay muchas interpretaciones de la Escritura que han sido repetidas incontables veces pero que no se basan en hechos reales.

Jesús empleó analogías y metáforas. "Yo soy la luz del mundo" (Jn. 8.12; 9.5). "Yo soy la vid verdadera" (Jn. 15.1).

"Ustedes son la luz del mundo" (Mt. 5.14). Estas expresiones tienen un impacto inmediato y son memorables. Algunas de sus metáforas más poderosas explicaron el reino de Dios. El reino es como una semilla de mostaza, levadura, una red, un hombre que encuentra un tesoro, el brote de las semillas de la tierra. Esto requiere una lectura cuidadosa. Por ejemplo, Jesús no dijo que el reino es como un tesoro sino que es similar a lo que ocurre cuando un hombre halla un tesoro y hace todo lo posible por obtenerlo.

Jesús también habló mediante aforismos o proverbios breves y memorables. "Traten a los demás tal y como quieren que ellos los traten a ustedes" (Lc. 6.31). "No juzguen, y no se les juzgará" (Lc. 6.37). "Pues mi hermano, mi hermana y mi madre son los que hacen la voluntad de mi Padre que está en el cielo" (Mt. 12.50). Jesús reconocía que hablaba figuradamente para el efecto: "Les he dicho todo esto por medio de comparaciones, pero viene la hora en que ya no les hablaré así, sino que les hablaré claramente acerca de mi Padre" (Jn. 16.25).

Jesús habló mediante acertijos y empleó la ironía. Echó mano de casi toda clase de método verbal que puedas imaginar, incluyendo las parábolas (de las que hablaremos en el próximo capítulo). Pero el poder de la enseñanza de Jesús para su audiencia original y para nosotros no reside en el método. Había una certeza, una veracidad y un poder en su enseñanza. Por ejemplo Mateo nos dice: "Cuando Jesús terminó de decir estas cosas, las multitudes se asombraron de su enseñanza, porque les enseñaba como quien tenía autoridad, y no como los maestros de la ley" (Mt. 7.28-29). A nosotros también nos hubiera asombrado.

Al igual que con las otras clases de texto en la Escritura, debemos invertir tiempo para estudiar el contexto de cada enseñanza dada por Jesús. ¿A quién/es hablaba? ¿Cuáles eran las circunstancias? ¿Había algún detalle cultural especial? Incluso en la enseñanza de Jesús, la Escritura quiere decirnos algo específico que se basa en lo que Jesús quiso decir a su audiencia original. Allí es donde encontraremos el verdadero significado y, por ende, la autoridad.

Capítulo 18

¿QUÉ ENSEÑÓ JESÚS MEDIANTE LAS PARÁBOLAS?

En la mayoría de nosotros, las parábolas de Jesús están afincadas naturalmente en nuestros recuerdos. La parábola del buen samaritano, por ejemplo, no solo es una parábola memorable sino que ha quedado imbuida en nuestra cultura (como ocurre en EE.UU. con las llamadas "leyes del buen samaritano" que protegen a las personas que acuden para asistir a otros en su necesidad). La parábola del hijo pródigo (donde un joven necio dilapida su herencia solo para hallar que su padre amoroso le da la bienvenida con misericordia y gracia) es el evangelio en una sola imagen y un simple mensaje: puedes volver al hogar con Dios. La oveja perdida. El tesoro escondido. Las vírgenes sabias y las necias. Los talentos. Son como cuadros en las paredes de nuestras casas, escenas memorables que vienen a ser ventanas hacia la realidad.

A veces Jesús enseñó mediante parábolas porque dichas historias vívidas apelan a nuestro pensamiento, nuestras emociones y sensaciones. Nos impactan. Nos obligan a reflexionar y meditar, quizá al lidiar con el significado, al sentirnos tocados por la perspectiva cierta y precisa sobre la vida que presentan. Podrías decir que las parábolas son subversivas debido a que están afincadas en nuestra mente. No podemos escapar de su mensaje. Jesús expresó parábolas a fin de revelar misterios para quienes creen pero continúan como acertijos enigmáticos para aquellos que no tienen "oídos para oír" (Lc. 8.8-10). Esta es una indicación más para nosotros de que leer la Escritura con fe es completamente distinto a leerla como si leyéramos cualquier otro libro.

Evitaremos sentir frustración y confusión si recordamos lo siguiente: la mayoría de las parábolas tienen un punto principal. La mayor parte del tiempo los detalles en la historia no tienen un sentido simbólico específico. En la parábola del buen samaritano (Lucas 10), por ejemplo, Jesús no asignó un sentido simbólico a los ladrones, las heridas del hombre, el burro, el dueño del alojamiento, las dos monedas de plata, Jerusalén o Jericó. Y aun así esto no ha evitado que pensadores cristianos a lo largo de los siglos asignaran sentidos a los detalles. El problema es que si los sentidos no se indican en el texto, dichas interpretaciones alegóricas son puramente arbitrarias.

A través del tiempo distintas personas han atribuido significados completamente distintos a las dos monedas de plata que el samaritano entregó al dueño del alojamiento, por ejemplo: son Dios el Padre y el Hijo, o son el Antiguo y el Nuevo Testamento, o son la promesa de esta vida y la vida venidera, etc. Pero ¿cuál es la razón para afirmar eso?

De nuevo, la explicación más simple y natural de un texto bíblico siempre es la mejor. La parábola del buen samaritano es la respuesta de Jesús a la pregunta: "¿Quién es mi prójimo?". Al final Jesús deja en claro cuál era su punto:

"¿Cuál de estos tres piensas que demostró ser el prójimo del que cayó en manos de los ladrones?
El que se compadeció de él, contestó el experto en la ley.
Anda entonces y haz tú lo mismo, concluyó Jesús".
(Lc. 10.36-37)

Las parábolas no son enseñanzas abstractas. Casi siempre invitan a la gente a una reacción determinada.

Ahora bien, si Jesús *asignó* sentidos específicos a los detalles en una parábola, entonces obviamente debemos incluirlos en nuestra comprensión. En la parábola del sembrador, por ejemplo, los cuatro tipos de suelo en donde cayó la semilla (junto al camino, terreno pedregoso, entre espinos y el buen terreno) tienen significados específicos que Jesús mismo indicó (Mt. 13.18-23). Lo mismo es cierto acerca de la parábola de la mala hierba (Mt. 13.24-30; 36-43). Sin embargo, aun en las parábolas con sentido detallado, no deberíamos perder de vista el bosque por los árboles. La parábola nos impactará mejor si procuramos hallar el punto principal.

Al leer las parábolas también es importante que invirtamos tiempo para entender el entorno cultural y geográfico de las historias. Un buen comentario bíblico, por ejemplo, describirá el camino de Jericó a Jerusalén, escenario para la historia del buen samaritano. El "camino" es un sendero polvoriento y sinuoso que va hacia arriba en las colinas de Judea a través de un desierto árido. Es un lugar solitario y desolado, donde los ladrones sacarían ventaja de cualquier persona que pasara por allí. Todas las parábolas con entornos agrícolas se comprenden mejor si entendemos la vida del granjero durante el primer siglo. Y la vida pastoril en los días de Jesús (al igual que en la época de David) era totalmente distinta a la ganadería actual.

La forma de concluir las parábolas es muy importante. La enseñanza de cualquier parábola por lo general aparece en la frase clave del final. La extensa parábola del trigo y las malas hierbas, por ejemplo, concluye con el día del juicio donde se distinguirá finalmente la verdad y la falsedad. Mientras tanto, vivimos en una "mixtura".

Las parábolas de Jesús son un don de Dios para nosotros que somos meramente mortales, incapaces de hallar verdad por nuestra cuenta y algo extraviados en la interpretación del sentido de la vida.

"Hablaré por medio de parábolas;
    revelaré cosas que han estado ocultas desde la creación del mundo" (Mt. 13.35).

Capítulo 19

¿QUÉ LUGAR OCUPA EL LIBRO DE LOS HECHOS DE LOS APÓSTOLES EN EL NUEVO TESTAMENTO?

¿Cómo podríamos describir la maravillosa narrativa que conocemos como "Hechos de los apóstoles"? ¿De ritmo acelerado, expansiva, arrolladora, intensa, sorprendente, atrapante, conmovedora, convincente, épica? Todas estas descripciones (y muchas más) podrían aplicarse perfectamente a dicho texto. No habremos leído bien el libro de los Hechos si únicamente notamos una serie de detalles históricos. Hechos es particular en la Escritura y aun así es una continuación de lo que su autor gentil, Lucas, comenzó en su Evangelio cuando se propuso escribir "ordenadamente" un relato para alguien llamado Teófilo de modo que llegara "a tener plena seguridad de lo que [le] enseñaron" (Lc. 1.3-4). Hechos comienza así:

Estimado Teófilo, en mi primer libro me referí a todo lo que Jesús comenzó a hacer y enseñar hasta el día en que fue llevado al cielo, luego de darles instrucciones por medio del Espíritu Santo a los apóstoles que había escogido. (Hch. 1.1-2)

Lucas nos cuenta de forma directa que los personajes principales de su narración son los apóstoles (incluyendo a Pablo) y el Espíritu Santo. Desde el principio hasta el final, Hechos es la historia del Espíritu Santo inspirando, dando poder y guiando a los seguidores de Jesús en una misión transformadora del mundo.

Para una lectura adecuada de los Hechos debemos tener en cuenta el propósito de Lucas: narrar la historia de cómo el evangelio de Jesús el Cristo se expandió más allá de los límites de Judea y Galilea y se esparció al mundo del Mediterráneo, cruzando la barrera entre judíos y gentiles y comenzando un verdadero movimiento espiritual de carácter universal. Hechos trata acerca del evangelio, la misión y el Espíritu. No es una biografía de la vida de Pedro ni Juan ni aun del apóstol Pablo. El enfoque está en la diseminación del mensaje acerca de Jesús y las formas dramáticas en que la gente lo aceptó o rechazó.

En el pasado, Hechos se leyó con frecuencia como una descripción de la manera en que se supone que debería funcionar la iglesia cristiana. Esto es comprensible al considerar que los líderes cristianos desean dar una base a las formas ministeriales actuales con un fundamento escritural. Solo parte de esto es posible, sin embargo, debido a que Lucas claramente no se propuso escribir un manual sobre la vida ni las políticas de la iglesia. Sí, es cierto que Hechos 2 presenta un cuadro de devoción espiritual saludable: "Se mantenían firmes en la enseñanza de los apóstoles, en la comunión, en el partimiento del pan y en la oración" (Hch. 2.42). Pero un par de versículos después dice que los creyentes vendían sus propiedades y posesiones a fin de donarlos a otras personas, que se reunían en el templo cada día y que comían juntos en los hogares de los demás (vv. 45-46). Las iglesias actuales no siguen dicho patrón de forma detallada. No vendemos nuestros automóviles, no hay templo en donde reunirnos todos y cada uno de los días y no hacemos sonar el timbre de la casa de cada hermano todas las noches para compartir la cena. Tampoco el libro de Hechos dice que las iglesias fundadas en Asia Menor, Grecia o Roma siguieran estas prácticas.

Hechos nos dice lo que ocurrió, lo cual no es igual a decir lo que debería ocurrir hoy. No había edificios de iglesias en Hechos; ningún piano, guitarra o batería para la alabanza. Solo tenemos la descripción de los bautismos de la primera generación de creyentes y el método del bautismo variaba: en el nombre de Jesús, en el nombre del Padre, el Hijo y el Espíritu, en lugares donde había agua, en una cárcel en Filipo y en el desierto junto al camino de Jerusalén a Gaza. La estructura de liderazgo de las iglesias primitivas evolucionó a lo largo del tiempo y no se nos da una definición de cuán a menudo la Cena del Señor debería celebrarse en nuestras iglesias actuales.

Hechos no es una lista de normas y fórmulas sino que es algo mucho más maravilloso: un registro del movimiento dinámico y a menudo impredecible del Espíritu de Dios en la época de los apóstoles, lo que nos deja hoy en día en la postura de aguardar lo inesperable.

Quizá esto conlleve una lección para nosotros. La vitalidad de la iglesia siempre vendrá de la presencia y la actividad del Espíritu Santo a medida que los creyentes se vuelvan parte de un movimiento dinámico. Esto no es para subestimar la importancia de la estructura de la iglesia pero tal vez para mantenerla en perspectiva.

Hay una serie vertiginosa de incidentes reportados en Hechos, cada uno de los cuales merece nuestra contemplación. Debemos ponernos en el lugar de Pablo mientras lo persiguen fuera de una ciudad, naufraga o persevera durante dos años de enseñanza en Éfeso. Debemos imaginar cómo habrá sido para Pedro que el Señor lo enviara durante un sueño a ir a la casa de Cornelio, un gentil, y ser testigo de lo impensable: el evangelio esparciéndose más allá de los judíos. Necesitamos que los mapas que se encuentran al final de nuestras Biblias adquieran un sentido de la geografía de este movimiento.

La estructura de Hechos puede resumirse de este modo: siempre hacia el exterior. Primero está Jerusalén y el derramamiento del Espíritu Santo en Pentecostés y la investidura de poder que reciben los apóstoles. El evangelio cruza la línea hacia el mundo gentil con Cornelio. Pedro está en el centro en estos primeros capítulos. Luego viene la conversión del fariseo hostil llamado Saulo de Tarso, que se convirtió en el apóstol Pablo. La historia continúa con los tres grandes viajes misioneros cruzando una barrera tras otra hasta que finalmente llega a la sede del Imperio romano.

Los Evangelios dan el evangelio y el libro de los Hechos la misión del evangelio. Hoy en día, en pleno siglo XXI, vemos repetirse el ciclo de proclamación, persecución y expansión. Para los creyentes es importante comprender que hemos estado aquí antes y qué implica todo ello.

Capítulo 20

¿CÓMO DEBERÍAMOS LEER LAS EPÍSTOLAS DEL NUEVO TESTAMENTO?

Tenía ocho años de edad en ese momento, pero todavía recuerdo el día en que una anciana irritada salió intempestivamente de su vivienda para gritarme. Caminaba de regreso a casa desde nuestra pequeña escuela, bromeando con un par de amigos, cuando abrí la casilla de correo de una casa escogida al azar y simulé hurgar como si fuera mi correo... ¡con la excepción de que no se trataba del mio! Era de la señora en cuestión. Y a ella no le resultó para nada divertida mi travesura.

Al leer las epístolas (cartas) del Nuevo Testamento ¿te ocurrió alguna vez sentir como si estuvieras leyendo el correo de otra persona? En un sentido hacemos eso y en otro no. Durante dos milenios los cristianos han leído las veinte epístolas del Nuevo Testamento como Sagrada Escritura, como la Palabra de Dios para nosotros. Al mismo tiempo las epístolas eran escritos personales producidos para individuos o grupos de gente específicos, a menudo en respuesta a sus necesidades particulares. Por lo que no podemos comprender las epístolas a menos que nos esforcemos en descubrir lo que yace detrás de las palabras.

Algunas cartas se leen como si fueran tratados elaborados con gran dedicación, como la epístola magistral a los Romanos. Otras, como 1 y 2 Corintios, están intrínsecamente conectadas con las necesidades de un grupo particular, los creyentes de la iglesia en Corinto. Evidentemente le habían escrito al apóstol Pablo y realizado preguntas específicas, porque en 1 Corintios 7.1 él mismo dice: "Paso ahora a los asuntos que me plantearon por escrito..." y luego prosigue con cierta extensión respondiendo punto por punto. Antes, en la misma carta, Pablo respondía a una determinada cantidad de reportes orales que le habían llegado acerca de lo que ocurría en aquella compleja y atribulada iglesia.

Un amplio abanico de circunstancias suscitó la preparación de las epístolas. El desorden dentro de una iglesia, la amenaza de las enseñanzas falsas, la turbación acerca del fin del mundo, la confusión con respecto a la muerte, la controversia acerca de prácticas religiosas, la ambigüedad sobre la ética, la debilidad en el liderazgo. Algunas epístolas se formularon como una palabra de aliento o simplemente una forma de reconectarse. Las cartas de Hebreos y Romanos ofrecen una perspectiva teológica expansiva. Algunas epístolas se enfocan en un punto teológico particular: gracia en el caso de Gálatas, Cristo en el caso de Colosenses, la iglesia en el caso de Efesios. Tomadas como un todo, estas veinte cartas añaden al canon de la Sagrada Escritura una descripción vívida y multifacética tanto de la fe como de la conducta.

Si tu deseo es explorar una epístola en particular, te resultará de beneficio leer el artículo sobre dicho libro del Nuevo Testamento en un buen diccionario bíblico o en la introducción de un comentario. Obtendrás las características esenciales: quién la escribió, cuáles eran los destinatarios, la razón por la que se escribió, la fecha, etc. Si lees una epístola más rápidamente, las notas que figuran en una buena Biblia de estudio te darán importantes datos de forma resumida y breve.

Es mejor meditar en algunas partes de las epístolas. Por ejemplo, las maravillosas canciones, los credos y las oraciones insertos en algunas de ellas. Otras partes de las epístolas tienen detalles complejos que requieren la ayuda de lingüistas, historiadores, arqueólogos bíblicos y otros eruditos, que encontrarás en los comentarios bíblicos. Si obtenemos ayuda para comprender lo que significa "comer lo sacrificado a los ídolos" en 1 Corintios 8, seremos capaces de aprender la lección allí presente con respecto a la conciencia y la libertad cristianas. Y no podemos entender la epístola a Filemón a menos que aprendamos algo acerca de la esclavitud en el primer siglo.

Las epístolas son un género de la Escritura que se lee mejor de forma completa. Ignora los números de los capítulos y los versículos, que se añadieron al texto bíblico en los siglos trece y dieciséis. Leer una epístola completa es una experiencia totalmente distinta que leer unos pocos versículos a la vez. Considéralo del siguiente modo: si hoy revisaras tu buzón y te encontraras con una carta de muchas páginas enviada por un ser querido, leerías el texto de forma completa. No leerías un párrafo hoy, otro mañana y así. Cuando alguien te pregunta: "¿Recibiste mi correo electrónico de ayer?", intenta responderle: "Sí, lo estoy saboreando al leer una oración cada día", y entonces observa qué respuesta obtendrás.

Leer la Escritura en contexto es una señal de respeto a Dios así como leer una carta de tu madre de forma completa es una señal de amor. El motivo de ello es, por supuesto, la comprensión. Los detalles en la conclusión de la epístola a los Hebreos tendrán más sentido si el comienzo de la carta todavía está fresco en tu mente.

Puede ser que las epístolas del Nuevo Testamento no hayan sido dirigidas a nosotros ¡pero así y todo son para nosotros! Y las apreciaremos tanto (y mucho más) que cualquier carta de amor o aliento que un ser querido nos haya enviado alguna vez.

Capítulo 21

¿QUIÉN FUE PABLO Y CÓMO DEBERÍAMOS ENTENDER SUS EPÍSTOLAS?

Aparte de Jesús ninguna figura ha influido tanto en los comienzos del cristianismo como el apóstol Pablo. De los veintisiete libros del Nuevo Testamento, trece se atribuyen a Pablo. Observa un mapa de la Biblia que muestre los viajes misioneros de Pablo y te sorprenderá ver el territorio que abarcó, no solo a nivel geográfico sino principalmente en lo cultural.

Era un judío de la tribu de Benjamín y se había convertido en un apasionado miembro de los fariseos (Ro. 11.1; Fil. 3.4-5; Hch. 23.6). Procedía de la ciudad de Tarso, creció en medio de la cultura grecorromana y era ciudadano romano. Este notable trasfondo implicaba que fuera capaz de expresar el evangelio en un contexto urbano. Se sentía cómodo en Jerusalén pero también era capaz de moverse hacia lugares como Creta, Grecia y Roma.

Su adaptabilidad era sorprendente. Habló con magistrados, filósofos y comerciantes.

Sus firmes convicciones acerca de la fe en Cristo estaban ciertamente moderadas por su dramática conversión. En el Nuevo Testamento no hay una historia más radical de cambio personal que la historia del joven hombre que recibió el encargo de sus compañeros fariseos de investigar y perseguir activamente a los primeros seguidores de Jesús. Presenció la muerte de Esteban, el primer mártir cristiano, cuando lo apedrearon. Pero mientras viajaba hacia Damasco en Siria para encontrar y arrestar a más seguidores de Cristo, tuvo un encuentro sobrenatural con Jesús y pronto experimentaría un cambio total de mente y corazón, que en sus epístolas describe como conversión o arrepentimiento.

No fue fácil para los demás apóstoles aceptar a tal perseguidor entre ellos, mucho menos respaldarlo como un maestro. Pero con el paso de los años Pablo finalmente realizó su primer gran viaje con algunos colaboradores cercanos.

Podemos ver una variación en las epístolas de Pablo. Cuatro se denominan como "epístolas de la prisión" porque las escribió mientras estaba en la cárcel (Efesios, Filipenses, Colosenses y Filemón). El estrés de estar en prisión se percibe en determinados puntos. Por ejemplo, cuando escribe la epístola a sus queridos amigos en Filipos cree que su ejecución podría estar cerca.

De estas cuatro, una (Filemón) está destinada a una persona acerca de un esclavo fugitivo, mientras que otra, Efesios, parece haberse escrito para una región con varias iglesias.

Tres de las epístolas, escritas en un tiempo posterior, se denominan usualmente como "epístolas pastorales" porque contienen instrucciones a los compañeros de Pablo (Timoteo y

Tito) sobre cómo guardar el orden, la armonía y la enseñanza correcta en sus iglesias. No es de sorprenderse que estas sean epístolas a las que los líderes de las iglesias recurran para modelar los roles ministeriales en las congregaciones. Las calificaciones para los ancianos y diáconos (1 Ti. 3; Tit. 1), por ejemplo, describen el carácter esencial del liderazgo y se aplican con facilidad en nuestras iglesias de la actualidad.

Romanos es una descripción poderosa y comprensiva de la totalidad del evangelio. Aborda la creación, el pecado, la redención y la restauración final. El asunto especial de la justicia y la gracia se enfatiza en Romanos, así como también en la epístola a los Gálatas. Las cartas de 1 y 2 Corintios ofrecen gran perspectiva sobre un apóstol que hace su mejor esfuerzo para responder a las tensiones en una iglesia problemática, desafiando los malos valores y convocando a la gente a la acción. Hay un patetismo especial en 2 Corintios mientras Pablo describe su propio dolor al considerar los esfuerzos de quienes tratan de desacreditarlo y su ansiedad acerca de su relación con la iglesia de Corinto. Aquí vemos la humildad de Pablo, incluso cuando se describe a sí mismo como poco impresionante en su apariencia física y poco destacable como orador público. ¡Vaya que sorprende leer algo así! El apóstol Pablo, un predicador "mediocre"…

¿Qué deberíamos tener en cuenta mientras leemos e intentamos comprender las epístolas de Pablo?

A fin de entender las epístolas del Nuevo Testamento debemos comenzar con el contexto. Cada epístola se escribió para una audiencia específica y con un objetivo determinado. Si hurgamos alrededor, podemos advertir qué enseñanzas falsas confronta el libro de Colosenses, cómo era la esclavitud, cómo era la vida familiar, cuáles eran las características de la cultura en aquel tiempo. Luego podemos preguntar: "¿Qué verdades universales y atemporales desarrolla el autor, es decir, verdades que podemos aplicar hoy en día?".

Quizá no se practique Romanos 16.16 en todas las culturas actualmente ("Salúdense unos a otros con un beso santo"), pero la gracia y el civismo cristianos continúan como valores hoy. En 1 Pedro 3.3 vemos la recomendación de no vestir joyería de oro porque en aquella cultura era ostentoso hacerlo. Hoy en día evitar la ostentación todavía sigue vigente, aunque tener un anillo o una cruz de oro no se considera de ese modo. Tener ancianos que supervisen el ministerio de las iglesias continúa vigente hoy, aunque tener un solo hombre que los designe (como Pablo instruyó que Timoteo hiciera) no es por lo general el método de selección que se utiliza.

Las epístolas extienden las riquezas de la Sagrada Escritura y nos recuerdan una vez más que la Palabra de Dios es verdad en relación al Señor.

Capítulo 22

¿QUÉ ES LO SINGULAR ACERCA DE LAS CARTAS DE HEBREOS Y SANTIAGO?

Proseguimos para hallar una variedad asombrosa en la Escritura al observar dos libros del Nuevo Testamento: Santiago, un libro de sabiduría cristiana, y Hebreos, que explica las complejas conexiones entre el antiguo pacto y el nuevo. Ambos libros no se destinan a un grupo cristiano en particular. A veces se conocen como "epístolas generales".

La epístola de Santiago, que probablemente fue escrita por quien fuera líder de la iglesia en Jerusalén (Hechos 15, llamado "Jacobo"), se enfoca en los aspectos prácticos de la vida personal y comunitaria. No hay nada en Santiago acerca de la naturaleza de Dios, el plan de redención o la expiación; y Jesús se menciona solo dos veces. Santiago es algo así como el libro de Proverbios del Nuevo Testamento. La sabiduría no es un conocimiento especializado de una élite, sino un estilo de vida práctico y cotidiano cimentado en valores que vienen "del cielo".

¿Quién es sabio y entendido entre ustedes? Que lo demuestre con su buena conducta, mediante obras hechas con la humildad que le da su sabiduría. Pero si ustedes tienen envidias amargas y rivalidades en el corazón, dejen de presumir y de faltar a la verdad. Esa no es la sabiduría que desciende del cielo, sino que es terrenal, puramente humana y diabólica. Porque donde hay envidias y rivalidades, también hay confusión y toda clase de acciones malvadas. En cambio, la sabiduría que desciende del cielo es ante todo pura, y además pacífica, bondadosa, dócil, llena de compasión y de buenos frutos, imparcial y sincera (Stg. 3.13-17)

Esto es directo y desafiante. Es un llamado a la acción. Si los líderes actuales tomaran la descripción que Santiago hace de la sabiduría como su paradigma de liderazgo, nuestras comunidades se verían completamente distintas. Santiago también se conoce por la invitación a poner en práctica la fe (Stg. 2.14-24). "¿De qué le sirve a uno alegar que tiene fe, si no tiene obras?" (2.14). Confronta el favoritismo, la codicia y el habla destructiva. Ofrece perspectiva para quienes pasan por pruebas o vacilan al filo de la tentación. Nos desafía a ser pacientes, respetuosos y pacificadores.

El mayor reto al leer la epístola de Santiago no es tanto comprender lo que significa sino vivir lo que prescribe.

El libro de Hebreos es extenso para una epístola. Está repleto de detalles acerca del sistema de sacrificios del Antiguo Testamento y explicaciones sobre cómo el plan de redención se cumplió en Jesús. Es un misterio saber quién escribió este libro. "A los Hebreos" significa que se escribió para judíos cristianos que necesitaban especialmente una explicación teológica de cómo la fe en Cristo cumplía la ley del Antiguo Testamento.

Los primeros diez capítulos describen cómo Cristo y la fe en él ha superado al antiguo pacto, los logros de Moisés y Josué y ha reemplazado al sacerdocio y el sistema sacrificial.

> Por lo tanto, ya que en Jesús, el Hijo de Dios, tenemos un gran sumo sacerdote que ha atravesado los cielos, aferrémonos a la fe que profesamos. Porque no tenemos un sumo sacerdote incapaz de compadecerse de nuestras debilidades, sino uno que ha sido tentado en todo de la misma manera que nosotros, aunque sin pecado. Así que acerquémonos confiadamente al trono de la gracia para recibir misericordia y hallar la gracia que nos ayude en el momento que más la necesitemos. (Heb. 4.14-16)

El libro de Hebreos ofrece una clave para desbloquear preguntas desafiantes acerca de la historia de Dios en la cual obró durante siglos en y a través de un pueblo especial del pacto, comenzando con Abraham, pero luego hace algo completamente nuevo en Jesús. No es que los términos de una relación con Dios hayan cambiado, las cuales siempre fueron y serán la fe basada en la gracia. Pero el alcance de la gracia de Dios ahora se expande a todo el mundo con la expiación de Jesús.

El libro de Hebreos también advierte a los creyentes acerca de apartarse de la fe y los desafía a perseverar en las circunstancias difíciles, permaneciendo fieles al nuevo pacto. Hebreos 11 es una descripción impresionante de cómo la fe y la esperanza a través de los siglos han sido las características distintivas del pueblo de Dios, comenzando con Abraham: "Ahora bien, la fe es la garantía de lo que se espera, la certeza de lo que no se ve. Gracias a ella fueron aprobados los antiguos" (Heb. 11.1-2). Los seguidores de Jesús tienen, en su sacrificio, el poder de vencer al pecado y perseverar:

> Por tanto, también nosotros, que estamos rodeados de una multitud tan grande de testigos, despojémonos del lastre que nos estorba, en especial del pecado que nos asedia, y corramos con perseverancia la carrera que tenemos por delante. Fijemos la mirada en Jesús, el iniciador y perfeccionador de nuestra fe, quien por el gozo que le esperaba, soportó la cruz, menospreciando la vergüenza que ella significaba, y ahora está sentado a la derecha del trono de Dios. (Heb. 12.1-2)

Para comprender el libro de Hebreos tenemos que mirar hacia el Antiguo Testamento, contemplando cómo se anticipaban las realidades espirituales para luego ver su cumplimiento. Cuando hagamos esto nos impresionará el amplio alcance de la verdad bíblica en la gran narrativa que se extiende desde un pacto con pastores beduinos de Mesopotamia al mundo entero. Y Hebreos nos permite saber que asumir una visión de largo plazo (de perseverar y esforzarse, de creer y comportarse correctamente) siempre ha sido la manera de Dios de tratar con los hombres y las mujeres.

Capítulo 23

¿CÓMO DEBERÍAMOS ENTENDER EL LIBRO DE APOCALIPSIS?

Si todavía no nos dimos cuenta de que lleva toda una vida entender la Biblia (y eso es algo bueno), el punto realmente queda claro cuando llegamos al último libro de la Biblia: Apocalipsis. Comienza de forma simple: es una "revelación (*en griego, apocalipsis*) de Jesucristo", es una "profecía", y llega como una carta dirigida a siete iglesias. Bastante comprensible, pero luego aparecen los ángeles, las bestias, los terremotos, los caballos y jinetes, las guerras, los tronos y mucho más. ¿Qué hacemos con todo esto?

Existen dos abordajes nada útiles en cuanto al libro de Apocalipsis. Uno es pensar que se trata de un libro de enigmas y acertijos tan incomprensible que deberíamos evitarlo. El segundo es seguir acríticamente la interpretación arbitraria de otra persona de todos los detalles y sentidos ocultos de sus pasajes. Apocalipsis no es demasiado difícil de comprender y deberíamos beneficiarnos de su lectura. Pero primero debemos entender el cuadro general.

Apocalipsis nunca se describe a sí mismo como un código simbólico de eventos futuros trazados en una línea de tiempo. Como los libros proféticos del Antiguo Testamento, Apocalipsis proclama un mensaje. En Apocalipsis el mensaje es que Dios viene a juzgar y redimir, y que los poderes de maldad y los imperios sucumbirán antes de que Dios establezca la plenitud de su reino. Ese mensaje central ofrece dos cosas a la gente: advertencias y consuelo, tal como hicieron los libros del Antiguo Testamento.

Si fijamos nuestros ojos en su mensaje central y en los efectos previstos, seremos menos propensos a enredarnos al abordar los detalles dentro del libro.

El libro de Apocalipsis es similar a los otros escritos de aquella época denominados como "apocalípticos", que por lo general incluyen visiones, catástrofes globales, advertencias sobre el fin del mundo y muchos, muchos símbolos. Es, por supuesto, el simbolismo críptico de Apocalipsis lo que hace que resulte un auténtico desafío comprenderlo. Pero cuando conectamos la variedad de símbolos con los elementos que aparecen anteriormente en los profetas del Antiguo Testamento (como Isaías, Jeremías, Ezequiel y Daniel), el mensaje se desprende de los detalles.

En idioma inglés se publicó un comentario que ha servido de ayuda para mucha gente. Se titula *The Message of Revelation: I Saw Heaven Opened* (en español: "El mensaje de Apocalipsis: vi los cielos abiertos"), escrito por Michael Wilcock como parte de una serie de estudios llamada "La Biblia habla hoy". Al igual que otros comentarios en dicha serie, el enfoque está en el mensaje del libro. A continuación vemos cómo Wilcock bosqueja el flujo de Apocalipsis:

1.1-8	Prólogo
1.9–3.22	Escena 1: La iglesia en el mundo (las cartas a las siete iglesias)
4.1–8.1	Escena 2: Sufrimiento para la iglesia
8.2–11.18	Escena 3: Advertencia para el mundo
11.19–15.4	Escena 4: El drama de la historia
15.5–16.21	Escena 5: Castigo para el mundo
17.1–19.10	Escena 6: Babilonia la ramera
19.11–21.8	Escena 7: El drama detrás de la historia
21.9–22.19	Escena 8: Jerusalén la novia
22.20–21	Epílogo

El número siete aparece muchas veces en el libro (cincuenta y cuatro en total) y es obvio que la mayor parte del libro se organiza en torno a ciclos de siete. Siete proclamaciones a las siete iglesias (capítulos 2 al 3), y tres conjuntos de narraciones visionarias de siete partes: los siete sellos (4.1-8.1), las siete trompetas (8.2-11.18) y las siete plagas (15.5-16.21).

Nada en el libro de Apocalipsis sugiere que su secuencia de símbolos y visiones sirva para trazar a lo largo de una línea de tiempo relacionada estrictamente con el final de la historia humana. Los cristianos de las primeras generaciones vieron las descripciones de la persecución contra el pueblo de Dios como exactamente lo que experimentaban, por ejemplo, al final del primer siglo bajo el reinado del emperador romano Domiciano. Los cristianos de nuestro tiempo que experimentan las batallas espirituales de persecución, en ocasiones en manos de poderes nacionales y totalitarios, leen Apocalipsis como una carta dirigida hacia ellos.

Los tres conjuntos de siete (sellos, trompetas y plagas) pueden leerse mejor como tres grandes ciclos de conflicto sangriento y victoria, cada uno elevándose a un nivel mayor de intensidad. Aquí Apocalipsis no solo describe lo que ocurrirá en el futuro sino lo que sucede en la historia y continuará ocurriendo hasta el final.

El fin de la historia es una descripción impresionante de una nueva creación, incluyendo símbolos de una nueva ciudad, un nuevo templo y un nuevo pueblo. El mensaje es este: Dios prevalecerá. El día viene cuando "ya no habrá muerte, ni llanto, ni lamento ni dolor, porque las primeras cosas han dejado de existir" (21.4). La victoria final de Dios es una cercanía y una comunión con su pueblo.

¿Qué puedes hacer para entender el libro de Apocalipsis? Leerlo de un tirón, en una, dos o tres partes, es de mucha ayuda porque podrás ver los conectores a lo largo del texto. Léelo en distintas versiones. Y de vez en cuando léelo junto a un buen comentario bíblico.

Parte IV

INTERPRETAR
LA BIBLIA

Capítulo 24

¿CUÁL ES LA MANERA MÁS NATURAL DE LEER LA BIBLIA?

M̲e estremezco al pensar cuán cerca estuve de abandonar la lectura de la Biblia. Como muchas personas intenté durante años leer la Escritura de modos que estaban condenados al fracaso. Mi forma de leer hacía que la Biblia resultara difícil de entender y me llevaba a pensar que este libro quizá era demasiado inescrutable o demasiado anacrónico como para que le prestara atención. Sí, era bonito cuando otras personas escogían las partes buenas y hacían citas jugosas que eran perfectas para colocar en una pegatina en la parte posterior del automóvil: "El Señor es mi pastor, nada me falta" (Sal. 23.1), "No se angustien por el mañana (Mt. 6.34), "Deléitate en el Señor, y él te concederá los deseos de tu corazón" (Sal. 37.4).

Y también: "Ayúdate que te ayudaré"... ¡Vaya! ¡Eso no está realmente en la Biblia! Pero al igual que muchas personas bíblicamente analfabetas, yo pensaba que sí.

Esto era peligroso. Me estaba perdiendo la Palabra de Dios. Peor, malinterpretaba la Palabra de Dios porque por lo general cuando citamos un versículo fuera de contexto torcemos su verdadero significado y lo usamos para reforzar nuestros preconceptos. La solución es leer la Escritura según sus propios términos. Leerla amplia y repetidamente. Aceptar el hecho de que se trata de documentos antiguos escritos en un tiempo y lugar remotos, por lo que comprenderlos requiere de paciencia y trabajo. Pero como todo buscador de oro sabe bien, merece la pena el tiempo y el esfuerzo que lleva extraer el oro de la mina.

¿Cuál es la forma más natural de leer la Biblia?

1. Debemos aprender el contexto del libro bíblico particular que estemos leyendo. Leemos Jeremías distinto de lo que leemos Efesios o Apocalipsis. Estos libros son todos Palabra de Dios, pero dados a nosotros mediante las palabras de tres hombres muy distintos en circunstancias diferentes. Si tienes una buena Biblia de estudio, todo lo que necesitas hacer es leer atentamente la introducción al comienzo del libro, donde los eruditos bíblicos trazarán un perfil del autor y un bosquejo de las circunstancias y el contenido del texto. Busca el libro bíblico en un diccionario o una enciclopedia de la Biblia y obtendrás más información, más aun si lees la introducción en un comentario.

2. Lee la traducción que puedas comprender y que te motive a seguir leyendo. Recuerda que la mejor traducción es la que realmente lees. Ha habido ocasiones en mi vida cuando leer una traducción "pensamiento por pensamiento" fue lo mejor que podía hacer (ver capítulo 4 acerca de las traducciones), y otras épocas fue así con versiones "palabra por palabra". Es mejor procurar una versión que generalmente leerás y volverás a leer.

3. Lee a un ritmo razonable y trata de ignorar los números de los capítulos y versículos. Todos comprenderíamos mucho mejor la Biblia si la leyéramos libre y naturalmente en lugar de hacerlo paso a paso, como si fuera un manual de instrucciones. Cuando recibes una carta de tu madre, simplemente te sientas y la lees de un tirón porque es la mejor forma de entender su mensaje. Nadie ve películas en plazos de cinco minutos y nadie diría que luego de ver las fotos sobre una película ha visto realmente el film. Así y todo la lectura de "un versículo cada día" es muy popular. Si apartas veinte minutos en lugar de cinco para leer un libro bíblico, lograrás leer Romanos en tres partes, Génesis en alrededor de cinco y muchos libros de la Biblia, como las epístolas, en una sola lectura. La lectura comprensiva tiene que ver con la síntesis: conectar todas las ideas pequeñas con las ideas mayores que controlan el texto. La recompensa es enorme.

4. Sigue un plan de lectura. Nadie quiere abrir la Biblia de forma aleatoria cada día y leer lo que encuentre. Existen muchos planes excelentes que organizan una lectura comprensiva de la Escritura. Algunos van desde Génesis hasta Apocalipsis, pero muchos ayudan al lector en un abordaje de toda la Biblia, alternando entre el Antiguo y el Nuevo Testamentos, por ejemplo. Muchos ofrecen una forma de leer la Biblia completa en un año. No es demasiado difícil. Simplemente requiere disponer de quince minutos por día.

Sin embargo, esta es la clave: no te agobies cuando realices tal lectura de quince minutos y no entiendas lo que lees. Esta es la razón por la que la mayoría de la gente abandona. Simplemente lee. Lee si comprendes y lee si no entiendes. Si lees la Palabra de Dios como un estilo de vida, volverás a dicho pasaje una y otra vez. Puede que lo entiendas la cuarta vez que lo leas o que comprendas cuando llegues al final del libro. Si consideras que no serás capaz de apegarte al plan de quince minutos por día, entonces busca un plan de lectura de dos años, que implica siete minutos por día.

Considéralo así: Dios estará allí, junto a ti, para ayudarte durante toda tu vida. En los días buenos y malos. Y la Palabra de Dios está allí durante toda tu vida. Simplemente lee, lee, lee.

Capítulo 25

¿CÓMO PODEMOS OÍR LA VOZ DE DIOS EN LA ESCRITURA?

Algunos años atrás realicé una encuesta en nuestra congregación con esta simple pregunta: "Si pudieras pedirle a Dios una cosa, ¿qué sería?". No me sorprendió que la respuesta más frecuente tuviera relación con el problema de la maldad en el mundo, pero me impactó que la siguiente pregunta más habitual fuera: "¿Cómo puedo escuchar la voz de Dios?". La fraseología variada que la gente utilizó indicaba que algunos enfrentaban decisiones importantes, otros querían saber si su vida estaba "en sintonía" con Dios, algunos se encontraban en medio de una crisis y otros expresaban sentimientos de aislamiento espiritual y simplemente querían "escuchar" de Dios.

Hay una larga historia y muchos debates sobre cómo "nos habla" Dios. En este capítulo, nuestro enfoque girará en torno a cómo habla Dios en y a través de la Sagrada Escritura. Esta debe ser la convicción más importante del creyente: que podamos hallar la voz de Dios en la Escritura y que la autoridad de la Biblia triunfe por encima de todas las demás afirmaciones sobre escuchar a Dios. Dios está hablando por medio de la Escritura. La creación se llevó a cabo por la orden verbal de Dios. Los hebreos se convirtieron en una nación cuando encontraron a su Dios en el monte Sinaí y él les habló a través de Moisés. Los oráculos de los profetas a menudo comenzaban con: "Así dice el Señor".

Y los Evangelios proclaman una forma completamente nueva de la voz de Dios: "En el principio ya existía la Palabra; y aquel que es la Palabra estaba con Dios y era Dios" (Jn. 1.1). O como lo expresan las palabras inaugurales del libro de Hebreos: "Dios, que muchas veces y de varias maneras habló a nuestros antepasados en otras épocas por medio de los profetas, en estos días finales nos ha hablado por medio de su Hijo" (Heb. 1.1-2).

Cada vez que anhelemos escuchar la voz de Dios (es decir, queriendo saber si estamos haciendo algo bien o deseando saber que no estamos solos) debemos recordar lo siguiente: en la Escritura tenemos miles y miles de expresiones de la voluntad y los caminos de Dios. Tenemos un análisis de la vida que es complejo y refinado, dándonos una instrucción moral concreta y ética basada en la sabiduría. Tenemos "la mente del Señor" (1 Co. 2.16). Tenemos la "sabiduría que desciende del cielo" (Stg. 3.17). Tenemos palabras "que enseña el Espíritu" (1 Co. 2.13). ¿Quieres escuchar la voz de Dios? Entonces toma lo que dice en su Palabra. Bebe de forma profunda. Estudia bien. Medita lentamente. Vuelve una y otra vez a comenzar dicho ciclo.

Puede ser que la pregunta más relevante para nosotros no sea "¿Dónde podemos hallar la voz de Dios?" sino "¿Qué evita que captemos la voz de Dios?". Muchos pasajes bíblicos hablan de esto.

Escuchar la voz de Dios es riesgoso. En el monte Sinaí la gente dijo a Moisés: "Háblanos tú, y te escucharemos. Si Dios nos habla, seguramente moriremos" (Éx. 20.19). Moisés respondió que el temor de Dios sería bueno para ellos; evitaría que pecaran aunque en ocasiones dicha experiencia doliera mucho.

Hay varios pasajes que dicen que resistimos escuchar a Dios porque sabemos que luego debemos dar un paso de obediencia. En la parábola sobre los distintos terrenos, Jesús analiza la razón por la que la Palabra de Dios (la semilla) no echa raíces. La aceptación superficial (el terreno pedregoso) y las ansiedades y el dinero (el terreno lleno de espinos) se interponen en el camino. Pero la simple falta de entendimiento (junto al camino) frustra la vida espiritual de una persona.

¿Cómo podemos oír la voz de Dios en la Escritura? No es realmente complicado. Debemos leerla. Debemos hacer el trabajo de entenderla (el punto central de todo este libro). Y debemos tener la actitud correcta del corazón, lo que es más desafiante que cualquier otra cosa. Sinceramente tenemos que admitir que resistiremos obedecer a Dios y que se nos tentará a querer hacer que la Biblia diga lo que nosotros quisiéramos que dijera. Dicha perspectiva debería aterrarnos. Poner nuestras palabras en la boca de Dios es el súmmum de la arrogancia.

He aquí una advertencia. Durante años me senté en estudios bíblicos donde el líder leía un pasaje y luego le preguntaba al grupo: "¿Qué significa esto para ti?". Solo mucho tiempo después aprendí (y tuvo perfecto sentido cuando lo hice) que el significado de la Escritura no fluye desde la experiencia subjetiva del creyente. La pregunta correcta no es: "¿Qué significa para mí?" sino "¿Qué significa?".

Cuando el apóstol Pablo dijo: "...con la mente yo mismo me someto a la ley de Dios, pero mi naturaleza pecaminosa está sujeta a la ley del pecado" (Ro. 7.25) quiso decir algo específico. Es nuestra obligación profundizar hasta que aprendamos lo que quiso decir y entonces hablar acerca de cómo se aplica a nosotros.

Solo hay una manera de recibir la pura y poderosa verdad de Dios y es procurar entender lo que la Biblia dice de modo que podamos aplicar lo que significa para nosotros.

Capítulo 26

¿CUÁLES SON LAS FORMAS ADECUADAS DE APLICAR LA ESCRITURA A LA VIDA ACTUAL?

Es peligroso entender mejor la Biblia. Es demasiado fácil que sintamos un poco de orgullo al extraer el sentido de los textos bíblicos, como si estuviéramos por comenzar a dominar la Escritura cuando, por supuesto, lo opuesto es exactamente el punto central. La tentación puede venir del poder que podamos sentir de tener "conocimiento espiritual", que puede movernos de la inseguridad a la superioridad. O puede que queramos ponernos por encima de la Escritura y pensemos que no necesitamos obedecerla. Como dice Pablo: "El conocimiento envanece" (1 Co. 8.1).

He aquí algunas de las razones por las que muchos autores bíblicos nos exhortan a no simplemente conocer la Palabra de Dios sino también practicarla.

Dios (a través de Moisés):

Grábense estas palabras en el corazón y en la mente; átenlas en sus manos como un signo, y llévenlas en su frente como una marca. Enséñenselas a sus hijos y repítanselas cuando estén en su casa y cuando anden por el camino, cuando se acuesten y cuando se levanten; escríbanlas en los postes de su casa y en los portones de sus ciudades (Dt. 11.18-20).

Jesús:

"Por tanto, todo el que me oye estas palabras y las pone en práctica es como un hombre prudente que construyó su casa sobre la roca. Cayeron las lluvias, crecieron los ríos, y soplaron los vientos y azotaron aquella casa; con todo, la casa no se derrumbó porque estaba cimentada sobre la roca. Pero todo el que me oye estas palabras y no las pone en práctica es como un hombre insensato que construyó su casa sobre la arena. Cayeron las lluvias, crecieron los ríos, y soplaron los vientos y azotaron aquella casa, y ésta se derrumbó, y grande fue su ruina" (Mt. 7.24-27).

Pablo:

Toda la Escritura es inspirada por Dios y útil para enseñar, para reprender, para corregir y para instruir en la justicia, a fin de que el siervo de Dios esté enteramente capacitado para toda buena obra (2 T. 3.16-17)

Y al hacer uso de un espejo como una analogía maravillosa, Santiago nos exhorta de este modo:

No se contenten sólo con escuchar la palabra, pues así se engañan ustedes mismos. Llévenla a la práctica. El que escucha la palabra pero no la pone en práctica es como el que se mira el rostro en un espejo y, después de mirarse, se va y se olvida en seguida de cómo es. Pero quien se fija atentamente en la ley perfecta que da libertad, y persevera en ella, no olvidando lo que ha oído sino haciéndolo, recibirá bendición al practicarla (Stg. 1.22-25).

Estos y muchos otros pasajes sugieren que aplicar la Escritura comienza con la asimilación de su contenido. Leer, meditar, debatir, practicar, orar y memorizar, todas maneras para que el texto bíblico forme el tejido muscular espiritual de nuestra vida. No se trata de tener una lista de versículos girando en torno a nuestra cabeza sino tener la forma y el movimiento de nuestra vida modelados por la verdad bíblica.

Buena parte de este libro ha tratado acerca de la lectura y la comprensión de la Escritura a nivel personal, pero este es un buen lugar para señalar el poder del diálogo acerca de la Biblia en un grupo o una comunidad. Es enormemente formativo discutir el sentido y la aplicación de la Escritura en alguna clase de grupo humano. Vemos cosas nuevas a través de los ojos de los demás, en especial de aquellos lo suficientemente valientes como para compartir de qué manera sus dificultades se conectan o se ven confrontadas con las verdades bíblicas.

Sería posible que un grupo bíblico se viera sumido en la ignorancia si la forma de operar fuera simplemente leer un texto bíblico y lanzarlo al grupo con la pregunta: "¿Qué significa para ti?". ¡No! Un texto bíblico significa algo específico que el autor original se propuso comunicar. Alguien en un estudio bíblico grupal debe asumir la responsabilidad de estudiar estas cosas con anticipación y profundizar acerca de su significado.

En el contexto del grupo la pregunta puede (y debería) ser: "¿Cómo ves la aplicación de esto en tu vida?". Un texto bíblico significa algo específico pero puede aplicarse de muchas maneras en tanto y en cuanto la aplicación realmente se conecte con el sentido original.

Esto suscita otra pregunta: ¿podría un texto bíblico motivar a alguien aun si el significado y la aplicación no parecieran conectarse entre sí? La historia puede contarse de muchas maneras, por ejemplo, de alguien leyendo uno de los grandiosos textos misioneros en Hechos y creer que Dios le dijo, por medio del texto, que empacara sus maletas y se fuera al otro lado del mundo. Ciertamente es posible que el Espíritu Santo guíe a alguien mediante las palabras o los sentimientos de un texto bíblico, incluso si el texto no se aplicara propiamente a todos de ese modo específico. Tales experiencias no se relacionan con el significado de un texto bíblico ni tampoco su aplicación típica, sino que son una orientación singular del Espíritu para una persona en particular.

De modo que la norma es la siguiente: primero el texto bíblico, luego el sentido original y finalmente la aplicación al día presente. En este proceso aprendemos y volvemos a aprender que "tu palabra, Señor, es eterna" (Sal. 119.89).

Capítulo 27

¿CÓMO PODEMOS REFINAR NUESTRA COMPRENSIÓN DE LA TEOLOGÍA BÍBLICA?

La teología no se limita al trabajo de los profesores y el clero. Todo cristiano serio que haya invertido tiempo en la lectura y el estudio de la Escritura está realizando una tarea teológica, porque teología (de las palabras griegas *theos*, que significa "Dios", y *logia*, que significa "expresión, habla, razonamiento") es simplemente procurar formas de entender y hablar acerca de Dios, y todo lo demás en la vida tal como Dios lo define.

Esta es una de las enormes bendiciones de ser lectores de toda la vida de la Escritura. Estamos aprendiendo de Dios. Y aprendiendo todo lo que él ha dicho acerca de todo lo que realmente importa en la vida. *¿Qué es una persona? ¿Por qué la gente es violenta? ¿Cómo es un buen matrimonio? ¿Cuál es nuestra relación con el reino animal? ¿Qué ocurre luego de la muerte? ¿Cómo* *podemos hallar paz y prosperidad en la vida? ¿Por qué el dinero se vuelve una fuente de tensión? ¿Dónde podemos hallar justicia?*

Lo que la Escritura nos ofrece, en su totalidad, es un conocimiento comprensivo acerca de Dios y la vida. Este conocimiento no es ilimitado, porque aún quedan misterios. Los creyentes no deberían frustrarse por ello. La Biblia nunca debe criticarse por no ser lo que nunca afirmó ser. No es un libro exhaustivo de ciencias. No trata con todas las áreas de la economía y el gobierno. La Biblia no es un documental de todos los detalles de los períodos históricos sobre los que trata sino la narración de la historia de la interacción de Dios con la humanidad.

Entonces ¿cómo forjamos, en nuestra búsqueda de razonar y hablar acerca de Dios, una "teología bíblica"? Primero, no debemos apoyarnos en el método ampliamente difundido de buscar versículos, crear un listado y hacer de cuenta que esto produce una doctrina o teología coherente y verdadera. Es fácil, por supuesto, usar una concordancia, un programa informático o una búsqueda en línea para poner delante de nuestros ojos todos los versículos bíblicos que usan las palabras *cielo, pecado, Cristo, bautismo, dinero* o *violencia*. Aunque pudiera tratarse de un ejercicio útil, crear tales listados no extraerá los conceptos globales y racionales. Si intentamos determinar lo que la Biblia dice acerca de la violencia, tendremos que hallar pasajes que ofrezcan mayores perspectivas y dichos pasajes tal vez ni siquiera usen la palabra *violencia* (por ejemplo, el asesinato de Abel en manos de Caín, Gn. 4.8). Es valioso realizar búsquedas por palabras, pero solo como parte de una estrategia mayor de perfeccionar tu comprensión de la teología bíblica.

La teología consiste en síntesis, lo que significa tomar muchas ideas y descubrir sus conexiones para arribar a una teoría o sistema general. En ocasiones hablamos acerca de nuestro "sistema de creencias", que es hacia donde nos conduce la teología y es algo maravilloso. Los creyentes conocedores de la Biblia no se conmocionan cuando la gente miente, roba y engaña. Cuando surge la guerra. Cuando la gente es presa de la esclavitud. Entendemos estas durísimas realidades porque la Palabra de Dios describe las causas y el desarrollo del pecado. Esta comprensión no viene de buscar la palabra pecado en Internet. En cambio, al leer toda la Escritura como un estilo de vida, descubrimos y sintetizamos miles de lugares donde se describe al "pecado" como transgresión, tropiezo, iniquidad, errante, tortuosidad, transgresión, impiedad, desenfreno, injusticia y más.

Los Salmos hablan del quebrantamiento. Jesús enseña acerca de la ceguera. Apocalipsis señala la maldad. Adopta la Escritura como un estilo de vida y perderás tu ingenuidad ¡y eso es algo muy bueno!

La madurez consiste en síntesis: reunir todo lo que has aprendido años atrás con lo que aprendiste meses atrás y lo que aprendiste hoy. Ves patrones de vida. Lecciones que son acumulativas. Lo mismo ocurre con la formación y el perfeccionamiento de una teología bíblica. Lo más importante que hacemos es leer la Escritura periódicamente, con amplitud (no solo las partes que nos gusten) y durante toda la vida. La síntesis ocurre en nuestra mente de forma automática. Mientras lees, tu mente capta porciones y piezas de la verdad acerca del amor, la justicia, la tentación, los ángeles, Dios y miles de otros conceptos. En tu mente se establecen conexiones diversas. Cada vez que regresas a un determinado libro de la Biblia ves cosas que nunca antes viste, pero las conexiones se fortalecen. Entiendes el "nuevo pacto" de Jeremías porque recuerdas los pactos previos con Abraham, Moisés y otros, y recuerdas las enseñanzas de Jesús y el libro de Hebreos acerca del "nuevo pacto". Y así ocurre con centenares de otros conceptos importantes.

Por lo que el principal compromiso que debemos hacer para la gran recompensa de adquirir un "sistema de creencias" sustancial es la lectura fiel y abarcadora de toda la Escritura. La síntesis se llevará a cabo en nuestra mente. Pero para asegurarnos de que estemos leyendo con entendimiento y resultados, debemos leer con concentración. Tomar notas resulta extremadamente útil. Cuando leas simplemente asegúrate de tener lápiz y papel a tu alcance. Toma nota de un versículo que te conmueva de forma particular, una pregunta que surja en tu mente, una conexión o un contraste con otro pasaje, algo que quieras recordar, un pensamiento que te gustaría compartir con alguien. Hazlo como un estilo de vida y la síntesis se profundizará. Revisa tus notas meses después y establecerás conexiones que esperas ver.

La verdad es demasiado buena para visualizarla como un listado. La Palabra de Dios ofrece una descripción fiel de la realidad. La diferencia entre una vida floreciente y una fracasada yace con frecuencia en dónde hemos realizado el esfuerzo de descubrir y vivir en realidad. Esta es la razón por la que queremos entender la Escritura.

Capítulo 28

¿CÓMO PODEMOS SABER SI ALGUIEN OFRECE UNA ENSEÑANZA FALSA?

Cuando daba mis primeros pasos en la fe tenía un hambre profunda de hallar la verdad de Dios porque la había saboreado, era profundamente satisfactoria y sentía que mi alma sencillamente estaba a la espera de ser revivida de una especie de hibernación. Por lo que busqué diferentes maestros y predicadores cristianos, leí algunos de los libros de mayor venta y escuché las enseñanzas cristianas por radio. Pero estaba inquieto por el sentimiento que a veces tenía de que la enseñanza bíblica que escuchaba parecía apenas relacionada con el texto bíblico y era peculiar, fuera de sintonía, y no tenía el "halo de verdad" que experimentaba cuando leía la Escritura.

Años después llegué a la conclusión de que la "prueba del aroma" debe tomarse con seriedad. Si nos exponemos ante enseñanzas que no "huelan" bien, entonces debemos proceder con cuidado. Quizá la enseñanza sea sana y simplemente debamos entrar en sintonía con ella. O tal vez nuestro "olfato" esté bien y nos encontremos ante lo más peligroso: la enseñanza falsa.

La Biblia habla de "falsa enseñanza" o "falsa doctrina". Hay una diferencia entre la verdad y la falsedad y cuando hablamos de la interpretación bíblica, hay una gran cantidad de enseñanza que no es otra cosa que basura… y huele como tal.

Entonces ¿cómo podemos saber si alguien ofrece una enseñanza falsa acerca de la Biblia?

Primero debemos estar alerta sobre los oportunistas. Debemos evitar a los maestros que ganan deshonestamente en base a sus enseñanzas. Es sorprendente, en realidad, cuántas multitudes seguirán a alguien que es manipulador, groseramente codicioso y deshonesto. Prometen prosperidad si los demás hacen que ellos sean prósperos y se ríen mientras juntan el dinero a montones para depositarlo en su cuenta bancaria. La breve epístola de Judas ofrece un claro análisis de esta clase de enseñanza falsa:

Estos individuos son un peligro oculto: sin ningún respeto convierten en parrandas las fiestas de amor fraternal que ustedes celebran. Buscan sólo su propio provecho. Son nubes sin agua, llevadas por el viento. Son árboles que no dan fruto cuando debieran darlo; están doblemente muertos, arrancados de raíz. Son violentas olas del mar, que arrojan la espuma de sus actos vergonzosos. Son estrellas fugaces, para quienes está reservada eternamente la más densa oscuridad. Estos individuos son refunfuñadores y criticones; se dejan llevar por sus propias pasiones; hablan con arrogancia y adulan a los demás para sacar ventaja. (Jud. 12-13, 16)

Es una descripción impresionante de los efectos destructivos de los pastores que "tan solo se cuidan a sí mismos". El pasaje indica que debemos estar alerta con respecto al egoísmo, la falta de frutos, el caos y la arrogancia de cierta gente. Ganan influencia mediante su pura presunción. Irónicamente les damos credibilidad en base a su orgullo, el defecto de carácter que más los descalifica. Cuando nos damos cuenta de que esta clase de maestros falsos nos han absorbido, debemos reflexionar en lo profundo de nuestra alma para comprender por qué ocurrió algo así.

Otro tipo de enseñanza falsa es la especulación infundada. Algunas personas se ganan la vida anunciando detalles de temas como la vida espiritual, la profecía, la cosmología, es decir, cosas que van más allá de lo que la Escritura realmente enseña. No hay controles en cuanto a dicha especulación. A veces el motivo es la manipulación: un conocimiento esotérico puede implicar un poder táctico. La última oración de 1 Timoteo es la siguiente súplica:

Timoteo, guarda lo que (el depósito que) se te ha encomendado, y evita las palabrerías vacías y profanas, y las objeciones (contradicciones) de lo que falsamente se llama ciencia, la cual profesándola algunos, se han desviado de la fe (1 T. 6.20-21 NBLH)

La segunda carta a Timoteo contiene una advertencia similar:

Recuérdales esto, encargándoles solemnemente en la presencia de Dios, que no discutan sobre palabras, lo cual para nada aprovecha y lleva a los oyentes a la ruina. Procura con diligencia presentarte a Dios aprobado, como obrero que no tiene de qué avergonzarse, que maneja con precisión la palabra de verdad. Evita las palabrerías vacías y profanas, porque los dados a ellas, conducirán más y más a la impiedad, y su palabra (conversación) se extenderá como gangrena (2 T. 2.14-17 NBLH)

Un tercer tipo de enseñanza falsa es el legalismo. Jesús confrontó esta distorsión de la verdad de Dios cuando expuso el costado corrupto del sectarismo: "¡Ay de ustedes, fariseos!, que dan la décima parte de la menta, de la ruda y de toda clase de legumbres, pero descuidan la justicia y el amor de Dios" (Lc. 11.42). Pablo, en 1 Timoteo 4.3, advierte a los maestros que "prohíben el matrimonio y no permiten comer ciertos alimentos que Dios ha creado para que los creyentes, conocedores de la verdad, los coman con acción de gracias".

Estas y otras formas de enseñanza falsa tienen sus causas y en ocasiones evitaremos colisiones espirituales si las vemos con anticipación. La enseñanza falsa puede venir de la ingenuidad, la arrogancia o la ganancia deshonesta. El problema que enfrentamos hoy es que no es difícil tomar un micrófono, crear una página web o incluso autopublicar un libro. Debemos tomar decisiones cuidadosas en cuanto a quiénes escuchamos y tener la valentía de huir cuando un maestro sospechoso haga cosquillas en nuestros oídos y nos ofrezca un confort falso.

Capítulo 29

¿CUÁLES SERÍAN ALGUNOS PLANES Y DISCIPLINAS PRÁCTICOS PARA LEER LA ESCRITURA?

Aún atesoro mis recuerdos de niño cuando iba de pesca con mi abuelo. Parece como si fuera ayer. Un día, mientras clasificaba la amplia variedad de equipamiento que formaba parte de mi colección, jugueteando con señuelos, y plomos, flotadores y el resto de cosas en mi caja de pesca, mi abuelo me miró y dijo: "Mel, no lograrás pescar nada a menos que tu anzuelo esté en el agua". Por supuesto, estaba en lo cierto. Su anzuelo siempre estaba en el agua y por ello luego tenía mucho más para mostrar.

El principio central de leer la Escritura para lograr una vida continua de crecimiento espiritual es el siguiente: ¡simplemente léela! No gastes demasiado tiempo buscando la "mejor" Biblia de estudio u otros recursos bíblicos. No descuides la lectura de la Escritura debido a que estés en un período cuando te resulte difícil entender lo que dice. Y no renuncies por no haber hallado un plan de lectura que se ajuste a tus tiempos. Pon tu anzuelo en el agua. Algo ocurrirá.

A continuación comparto contigo algunos lineamientos que te ayudarán a forjar un estilo de vida de lectura fructífera de la Biblia:

1. Sigue un plan pero varíalo de un año al otro. Hay planes cuya estructura resulta de ayuda para leer la Biblia entera en un uno o dos años. El plan puede ir de Génesis a Apocalipsis, pero algunos planes proponen leer una porción del Antiguo Testamento, una del Nuevo Testamento y un Salmo cada día, por ejemplo. Un plan muy ambicioso propone la lectura de la Biblia en noventa días. Me gusta hacerlo cada dos años. Me insume una lectura de media hora al día. Otro plan te lleva a través de los cuatro Evangelios en cuarenta días. Otro abarca solo el Nuevo Testamento a lo largo de un año. Existen planes de lectura en torno a temporadas especiales como la Cuaresma o el Adviento, lo que ayuda realmente a poner el foco en el nacimiento, la muerte y la resurrección de Cristo. Puedes encontrar también devocionales de un versículo por día, pero suelen tener un valor limitado debido a que no te ayudan a captar el alcance general de la historia de la Escritura. El sitio web BibleGateway.com es un buen lugar donde podrás hallar una amplia variedad de planes.

2. No te rindas. Si comienzas un plan de lectura en enero y flaqueas en marzo, corriendo sin esperanzas detrás del plan, simplemente escoge otro plan para el año. Mantén tu anzuelo en el agua. Si todo lo demás falla, simplemente lee un capítulo por día. Considera que el día está incompleto a menos que hayas leído algo de la Escritura.

3. Emplea una herramienta simple para la planificación. Me gusta imprimir un plan en una sola hoja de papel y tenerlo pegado detrás de mi Biblia. También puedes usar algún recurso en línea, en tu ordenador, o dispositivo móvil que te ayude a planificar, pero asegúrate de que dicha función sea fácil de usar y acceder.

4. Decide si tomarás notas o no. Poner por escrito tus preguntas y pensamientos mientras lees contribuirá con tu comprensión. Mucha gente lo hace de manera fiel. Por lo general he preferido no hacer esto debido a que sé que mantendré mi lectura diaria si solo somos la Biblia en mi mano y yo. Es distinto cuando estudio la Escritura para un grupo en el que estoy participando o en la preparación de una enseñanza, ocasiones en las que tomo notas detalladas. Debes definir qué funciona mejor para ti. Si tomar notas no te desanima, adelante. Tendrás un tesoro acumulativo.

5. Determina cuál es el mejor momento del día para ti y establece un patrón de conducta. Esto es realmente importante. El estilo de vida tiene que ver con la periodicidad y la regularidad. La mayoría de la gente come y duerme de acuerdo a un parámetro preferido que funciona para ella. Lo mismo se aplica a la lectura de la Biblia como un estilo de vida. Me gusta leer temprano en la mañana cuando todo está en silencio en mi casa y mi lista de temas pendientes no distrae mis pensamientos. A otras personas les resulta mejor el tiempo de almuerzo durante su jornada laboral o por la noche antes de dormir.

6. *Lee introducciones a los libros de la Biblia.* Si concluiste la lectura de Números y te aventuras a seguir con Deuteronomio, no sigas así porque sí. Invierte unos minutos en leer una introducción que te orientará acerca del contexto, las circunstancias, la fecha, los temas y el autor de lo que estás por leer. Las Biblias de estudio, por ejemplo, vienen con introducciones concisas que no ocupan más de una página. Pero puedes obtener introducciones más extensas en los diccionarios o manuales bíblicos.

7. *Aparta tiempo para la reflexión.* En el mundo frenético actual esto suele quedar relegado, pero se trata de algo esencial. Puede significar cerrar tu Biblia, cerrar tus ojos por cinco minutos y pensar acerca de lo que acabas de leer, expresándole a Dios una palabra de gratitud, de frustración o de inquietud. Salir a caminar me resulta una forma excelente de permitir que los pensamientos circulen dentro de mi mente. Si hay un solo versículo, o incluso una sola frase o una simple palabra, que te impacte poderosamente, aparta tiempo para meditar sobre ello. Dios el Espíritu Santo puede estar colocando un marcador en tu mente que será importante en algún punto de tu vida. Comprométete con esto: leer y reflexionar.

Capítulo 30

UNA PALABRA FINAL
ACERCA DE LA FE

Un día algunas personas religiosas, un grupo conocido como los "saduceos", intentaron hacer que Jesús cayera en una trampa teológica mediante una pregunta especulativa sobre la vida en el más allá. En vez de responder de forma directa, Jesús dijo: "Ustedes andan equivocados porque desconocen la Escritura y el poder de Dios" (Mt. 22.29). Era una confrontación impactante. Estas personas conocían muy bien la Escritura hebrea. Era su profesión y preocupación. Pero debido a que usaban la Palabra de Dios en lugar de confiar en ella, Jesús les dijo que simplemente la "desconocían".

Este libro se titula *Cómo entender la Biblia*, pero podría haberse llamado *Cómo entender la Biblia de una manera que sea precisa de acuerdo a los estándares del idioma y que sea fiel de acuerdo a lo que Dios se propone comunicar* (¡en siglos pasados los títulos de los libros a veces eran así de extensos!).

A fin de extraer de la Escritura todo lo que tiene para nosotros, debemos leerla tanto como un texto común como uno extraordinario. No se trata de una contradicción. Debemos seguir las reglas que se aplican al idioma en general porque esta Palabra de Dios vino en forma de cartas, oráculos, poesía, proverbios, analogías, metáforas y todas las demás formas comunes en que las palabras habitualmente funcionan. En otras palabras, debemos leer la Escritura de modo natural y no mediante algunas presunciones artificiales acerca de las palabras de la Biblia. Es muy importante, por ejemplo, que leamos porciones de la Escritura en su contexto porque las palabras tienen sentido solo en un contexto. Esperamos que las demás personas entiendan lo que decimos en un contexto imparcial, no citándonos de una forma que nos malinterprete. Debemos mostrar el mismo respeto hacia Dios. Nos gusta citar versículos bíblicos individuales como respuestas a problemas complejos, pero nuestra aplicación de un versículo será buena solo conforme a nuestra comprensión del versículo en el contexto. Ningún profeta o apóstol ha concebido jamás que su oráculo o epístola se partiera en tantísimos pequeños pedazos.

También debemos leer la Escritura con ojos de fe como un cuerpo de textos extraordinarios. No todos los que leen la Biblia la consideran la Sagrada Escritura o la Palabra de Dios. Pero si lo haces, eso modelará tu comprensión.

El pensador cristiano Anselmo de Canterbury (c. 1033-1109) dijo una frase muy famosa: "Creo para entender" (*Credo ut intelligam*). El principio es conocido de otro modo: "fe que busca entendimiento", tal como lo expresó Agustín de Hipona en el siglo cuarto.

Para decirlo de forma sencilla: estos pensadores destacados y muchos otros han dicho que recién cuando nuestra vida se conecta con nuestro Creador es que nuestra mente y corazón reviven a su poder y presencia, cuando logremos ser "creyentes" comenzaremos a entender cómo son las cosas realmente.

Conocer la Biblia no es el objetivo máximo. Conocer a Dios sí lo es. ¡Conocer realmente a Dios! Y conocer a Dios mediante la revelación que él ha dado de sí mismo, no en base a nuestras construcciones imaginarias. ¡Esto es emocionante! Cuando nos comprometemos a conocer la Escritura nos embarcamos ciertamente en una experiencia transformadora de vida. Y el verdadero comienzo es cuando decimos: "Yo creo…"

www.ingramcontent.com/pod-product-compliance
Lightning Source LLC
Chambersburg PA
CBHW071001040426
42443CB00007B/611